Avviso sul diritto d'autore

© David Rogers Webb (2023). Ed. Italiana a cura di Marco Saba (2023)

Tutti i diritti riservati. Sito web: https://thegreattaking.com

Immagine di copertina di Billy Soden (`https://billy-soden.pixels.com`)

Indice

Avviso sul diritto d'autore	i
Prefazione all'edizione italiana	iii
Prologo	v
1 Introduzione	1
2 Dematerializzazione	7
3 Titolarità dei titoli finanziari	10
4 Armonizzazione	17
5 Gestione delle garanzie	28
6 Porto sicuro per chi e da cosa?	34
7 Parti centrali di compensazione	39
8 Vacanze bancarie	47
9 La Grande Deflazione	65
10 Conclusione	71
Appendice	79
Riferimenti	108

Prefazione all'edizione italiana

Ho scelto di tradurre questo testo affinché il pubblico italiano sia messo a conoscenza di come il sistema finanziario intende realizzare la prima parte del motto del WEF: "Non avrai più niente e sarai felice". Il problema principale del sistema bancario è la violazione sistematica delle regole contabili internazionali rispetto alla creazione di denaro bancario: la creazione non è registrata come afflusso di cassa prima che il denaro venga gestito. Il denaro creato in nero – una specie di derivato del denaro a corso legale – viene registrato come flusso negativo di cassa e finisce per scomparire dal conto accentrato delle banche e … si può solo immaginare dove va a finire. Questa massa monetaria imponente equivale a tutto il denaro bancario in circolazione. Una volta riciclato finisce per condizionare le democrazie dietro le quinte e, come vedremo nel testo, ottiene il potere di cambiare e stravolgere leggi e regolamenti. Come per la questione del democidio in corso provocato dalla campagna farmaceutica sperimentale, per ora la magistratura si disimpegna dall'argomento considerandolo evidentemente un tabù. Per loro il cartello bancario è sconosciuto. Tuttavia questa prassi potrebbe essere corretta facilmente con l'accertamento giudiziario sui libri contabili delle banche ed in particolare sui rendiconti finanziari che le banche centrali nemmeno pubblicano. Dobbiamo tener presente che la stessa Tesoreria di Stato, in Italia, è in mano a banchieri privati fin dall'ottocento. Una volta affrontata la questione sarà facile dimostrare che è possibile eliminare la tassazione e che lo stato può finanziarsi creando il denaro a corso legale necessario alla nazione (come d'altra parte si finanziano oggi le banche). Si potrebbero socializzare i vantaggi della creazione di denaro dal nulla (signoraggio) sollevando i cittadini dall'esosa tassazione che si trasforma nella negazione di diritti elementari che lo Stato oggi non può soddisfare "perché mancano i soldi". Il "Governatore" della privata "Banca d'Italia" dovrebbe smettere di sgovernare il paese dietro le quinte della BCE. Altrimenti dovremo prendere in considerazione soluzioni alternative come quella di uscire dal sistema col Popolo della Madre Terra o avere fiducia del partito politico Fronte di Liberazione Nazionale.

Marco Saba, Dicembre 2023

Prologo

> Considero le parole false la piaga più ripugnante di tutte.
>
> Eschilo, Prometeo incatenato

Se preferisci, considerala un'opera di finzione, o il delirio di un pazzo. Forse sono pazzo.

So che non ascolterai ciò che sto lottando per dirti, non ancora. Ma, forse, con lo svolgersi delle cose, questo scritto offrirà qualche spiegazione di ciò che sta accadendo.

Nella mia mente mentre scrivo c'è la piccola speranza che i miei figli un giorno possano capirmi un po' e, forse, perdonarmi per essere quello che sono stato. È stato inevitabile per me vedere e conoscere cose spiacevoli, che ora stanno diventando evidenti.

Oggi, come ben sappiamo, le famiglie sono divise. Le persone stanno vivendo una sorta di isolamento, forse non fisicamente, ma nello spirito e nella mente. Ciò è stato reso possibile dalla magia oscura di una narrativa e di notizie false. Già solo questo è stato un grande crimine contro l'umanità. Gli scopi tattici sono molteplici: confondere e dividere; provocare il disimpegno; demoralizzare; instillare paure e introdurre falsi punti focali per queste paure; manipolare la narrazione storica; creare un falso senso della realtà presente; e, in definitiva, per indurre le persone ad accettare ciò che è stato pianificato.

Di fronte a questo assalto come si può sapere qualcosa? La conoscenza diretta acquisita attraverso la propria esperienza e le esperienze personali degli altri può essere utilizzata per confutare queste false narrazioni. La memoria vivente contiene degli indizi. Ciò che è stato fatto prima può essere fatto di nuovo.

Se l'esposizione della storia personale in questo prologo diventa noiosa, si prega di andare al nocciolo della questione nei capitoli successivi.

Ma se continuerai a leggere questo capitolo, forse potresti scoprire che sono un essere umano, come te. Forse ti sarà utile sapere che ho lavorato tutta la vita per comprendere le forze che ci feriscono.

Per me, "essere famoso" non è mai stato un obiettivo saggio o desiderabile, a meno che non fosse per raggiungere uno scopo essenziale. E ora il mio scopo è questo: ottenere che ciò che sto cercando di dirti possa essere ascoltato e compreso. Siamo in pericolo. E così mi azzarderò a raccontare la mia storia personale.

Come sono arrivato a sapere cosa sto cercando di dirti?

Sono abbastanza vecchio da ricordare l'assassinio di JFK. Ero seduto nel cestino di un carrello della spesa nel negozio di alimentari di Fazio in *Lee Road* quando è stato dato l'annuncio dall'altoparlante. Una donna lì vicino scoppiò in lacrime.

Nel giro di pochi anni dall'assassinio, stavamo vivendo il collasso industriale degli Stati Uniti. Per un ragazzo di una famiglia di ingegneri, nel settore delle gru e dei montacarichi, a Cleveland, gli anni a venire sarebbero stati molto simili a vivere la Grande Depressione. Nell'estate del 1966, una parte della città fu bruciata durante i disordini di Hough. Fu chiamata la Guardia Nazionale e piazzò nidi di mitragliatrici sui tetti. Oltre alle rivolte, la piccola attrezzatura Webb veniva presa di mira dal sindacato Teamsters Union; i parabrezza furono fracassati con mazze da baseball. A causa della minaccia delle bombe molotov, i documenti venivano spostati fuori dagli uffici e di notte i tetti venivano innaffiati dagli idranti. Era come vivere in una zona di guerra, e sarebbe andata molto peggio. Non ci sarebbe mai stata una "ripresa". Ci sarebbe stata la completa distruzione di tutto ciò che avevamo conosciuto.

La nostra famiglia allargata era stata benevola, unita e felice. In pochi anni la morte consumò l'intera generazione più anziana e parte di quella successiva. Il patriarca, nonno Webb, morì a 79 anni. L'anno successivo, il fratello maggiore di mio padre morì di infarto a 51 anni. Da giovane era stato capitano della squadra di *wrestling* della Case Western Reserve e somigliava a qualcosa come una divinità. Aveva lasciato una carriera di successo presso la ALCOA, per aiutare il padre anziano negli affari, come aveva fatto mio padre. Poco prima della sua morte, aveva confidato alla moglie di lottare per mantenere gli uomini assunti, facendo offerte per contratti a costi contenuti. Era un uomo che si preoccupava profondamente e sentiva profondamente la responsabilità.

Prologo

Per quanto improbabile possa sembrare adesso, Cleveland era stato uno dei centri industriali più vitali del mondo. Nel 19esimo e nel 20esimo secolo era come se tutta l'America industriale fosse riunita in un'unica città. Ricordo di aver letto che, un tempo, la valle di Cuyahoga produceva il 2% del prodotto industriale mondiale. Gli albori dell'industria del ferro, dell'acciaio, dell'alluminio, della chimica, delle automobili, dell'aeronautica e del petrolio furono tutti a Cleveland. Lì si formò la *Standard Oil*. La prima raffineria di Rockefeller era lì. John D. Rockefeller è sepolto nel cimitero di Lake View, così come entrambi i rami della mia famiglia, che discendevano dai primi coloni inglesi. Alcuni di questi antenati erano arrivati con i primi insediamenti a Jamestown e Plymouth. William Bradford era un nostro antenato. I Webb avevano antenati comuni con John Adams, Samuel Adams e John Quincy Adams. Avevamo spade massoniche e piccole statue di porcellana di George Washington e Benjamin Franklin vestite con le loro insegne massoniche. Papà, suo fratello, il padre e il nonno erano stati massoni. Nonostante ciò, sembra che non avessero ricevuto notizie su ciò che stava accadendo.

All'inizio degli anni '70, l'azienda di famiglia, che un tempo contava ottanta uomini nel "negozio", era ridotta a uno solo: Ladislaus Horvath, precedentemente noto come "*Little Laddie*", era il figlio dell'omonimo anziano che aveva lavorato per mio nonno. Laddie, che era stato meccanico di elicotteri in Vietnam e sapeva fare assolutamente tutto, in seguito mi disse che aveva pensato che sarebbe impazzito, non essendoci assolutamente nulla da fare nemmeno per lui. L'attività commerciale era andata a zero.

In circostanze estremamente difficili e peggiorate, mio padre era rimasto senza il sostegno di suo padre e di suo fratello, ma con la piena responsabilità di tutto ciò che non aveva mai voluto. Lo stress lo stava lentamente uccidendo. Sviluppò un'asma cronica, divenne depresso e arrabbiato e spesso rimaneva a letto.

Qualche tempo dopo la morte di mio zio, mio fratello maggiore quasi perse diverse dita nel tosaerba. Papà mi dette quindi il compito di tagliare il prato. Ero felice e orgoglioso che mi fosse stato affidato un lavoro così grande, come in effetti è stato. Avevo nove anni.

Negli anni a venire scoprii che qualcosa in mio padre richiedeva che fossi messo a lavorare in circostanze sempre più spiacevoli e persino pericolose. Quando avevo dodici anni mi ammalai gravemente perché ero costretto a lavorare quando ero già malato. A tredici anni ero "l'uomo basso sul totem" del negozio, come descritto da uno dei ragazzi al funerale di mio padre. Faceva caldo, il lavoro era sporco e talvolta piuttosto pericoloso. Avrei potuto facilmente perdere le dita, la vista o peggio. Andavo bene a scuola, è un dato di fatto, ma il duro lavoro segnò il resto della mia infanzia.

Ricordo di essere stato incaricato di setacciare la terra da un mucchio di ghiaia in pieno sole estivo e nell'umidità. Dovevo poi usare la terra per riempire i buchi dove avevo strappato le erbacce. Stavo lavorando sodo quando papà tornò a casa. Senza dire nulla, diede un calcio alla carriola e lanciò gli attrezzi più lontano che poteva. C'erano le lacrime ai suoi occhi. Sapendo di non aver fatto nulla di male, non credo di aver avuto tanta paura in altre occasioni. Era mio padre che era in qualche guaio. L'ho visto. Penso che quello che ho sentito fosse un intenso bisogno di capire cosa stava succedendo e perché.

E così, anche se papà era duro con me, forse ero io l'unica persona intensamente interessata a ciò che aveva da dire. È stato il silenzio e il fatto di non avere le cose spiegate che mi ha colpito di più. E così, gli facevo delle domande. Era un uomo intelligente e aveva riempito la sua stanza di pile e pile di libri. Stava cercando di capire cosa stava succedendo. E lo volevo sapere anch'io.

Di conseguenza, all'età di dodici anni, ero diventato uno studente della Grande Depressione e dei misteri della Federal Reserve (la "Fed"). Seppi allora che il sistema della Federal Reserve era stato segretamente pianificato in un incontro a Jekyll Island, che l'oro posseduto dal pubblico era stato confiscato durante la Depressione e che Nixon aveva recentemente tolto il dollaro dal *gold standard*.

Per coincidenza, anche papà aveva dodici anni in un momento traumatico quando, nel marzo del 1933, chiusero le banche e confiscarono l'oro. Prese il nome dal nonno materno che, nelle settimane precedenti il Panico del 1907, la cui atmosfera di crisi venne usata per giustificare la creazione del *Federal Reserve System*, era stato aggredito alle spalle, al collo, nel bel mezzo della notte, sulle scale della sua casa vicino a Euclid Avenue. Il suo caso di omicidio non fu mai risolto. Questa storia era stata tenuta nascosta a mio padre sebbene all'epoca fosse stata menzionata sui giornali da New York all'Alaska. Papà andò alla biblioteca pubblica e frugò nelle *microfiche* di questi vecchi articoli, che poi copiò. Me ne ha mostrato una scatola piena. Suo nonno veniva descritto come un "ricco operatore del carbone". Ho visto documenti sulla sua accumulazione e vendita nel 1905 di concessioni sul carbone su più di 800 acri nella contea di Mahoning, avendo mantenuto i diritti di trivellazione nel giacimento di carbone per estrarre petrolio (che i suoi discendenti teoricamente hanno ancora).

Papà era interessato a quello che era successo a Jekyll Island, tanto che ci andammo lì in macchina. Ho la cartolina con una fotografia degli anni '60 di un grande edificio bianco con la scritta "*The Club House*", con questa ulteriore spiegazione nel retro:

> *La Club House fu il cuore palpitante del Club di Jekyll Island, Georgia, durante gli anni 1886-1942. Questo era il club più esclusivo d'America, conosciuto come "Il Club dei Milionari". Nell'elenco del club sono stati trovati nomi illustri come Astor, Vanderbilt, Morgan, Rockefeller, Baker e altri.*

Paul Warburg, membro della più importante e antica famiglia di banchieri tedeschi, aveva guidato l'incontro a Jekyll Island in cui era stata pianificata la Federal Reserve. In seguito ha ammesso apertamente che ciò era stato fatto in segreto. A quell'incontro partecipò anche il "colonnello" Edward M. House, che negli anni successivi gettò le basi per l'istituzione del *Council on Foreign Relations*. Nella quiete della vigilia di Natale del 1913, il disegno di legge che istituì la *Federal Reserve*, il Federal Reserve Act, fu convertito in legge. La Grande Guerra, la prima guerra mondiale, seguì dopo soli sette mesi.

Nonostante gli anni traumatici dell'infanzia, e forse proprio grazie ad essi, ho continuato a fare varie cose. La formazione della prima infanzia mi aveva salvato dall'essere schiacciato. Ciò è dovuto in gran parte a nonna Rogers, la madre di mia madre. Era una della scuola Montessori. All'età di tre anni affilavo coltelli e preparavo il tè. Di notte lei si sedeva accanto al mio letto, aiutandomi ad addormentarmi. Parlava piano nell'oscurità, ricordandomi cose della sua infanzia e della Grande Guerra. Mi resi conto solo da adulto che erano stati degli avvertimenti.

La nonna aveva partecipato con mio nonno alla Grande Guerra, lei come infermiera e lui come chirurgo. Non erano ancora sposati. Gli Stati Uniti non erano ancora entrati in guerra. Il loro ospedale da campo a Rouen aveva 3.000 letti, ma le vittime ogni giorno erano di più. Anche i cuochi si occupavano dei feriti. Nell'oscurità, accanto al mio letto, mi aveva raccontato del rumore dei grossi cannoni e delle granate che esplodevano, che lei poteva sentire dalle tende dell'ospedale.

Lei e mio nonno si sposarono dopo la guerra e andarono in luna di miele a Quebec City. Avevano la stessa età, trentotto anni. Ha avuto il suo primo figlio, mia madre, a quarantadue anni. Aver sopportato così tante difficoltà, sposarsi e avere figli, deve essere sembrato per lei un miracolo.

Nonno Rogers prende il nome da un cugino che si era arruolato nell'esercito per allontanarsi dal lavoro nel negozio di scarpe di suo padre; è finito a Little Big Horn. Anche il nonno del nonno, nato nel 1816, era stato chirurgo. Da ragazzo mi era stato permesso di maneggiare il kit chirurgico di suo nonno. È identico a quello del Museo di Gettysburg. Il prozio del nonno è sepolto lì ed era un ufficiale di cavalleria. Sopravvissuto a 50 scontri, catturato quando il suo cavallo fu colpito alla testa, in seguito fuggì attraverso una palude, inseguito dai segugi, da una prigione confederata dove gli uomini stavano morendo di fame e di vaiolo.

Mio nonno insegnò chirurgia nel dopoguerra fino alla sua prematura scomparsa nel 1945. In casa avevamo una sedia che qualcuno gli aveva regalato. Mi è stato spiegato che, durante la Grande Depressione, faceva interventi senza farsi pagare perché nessuno aveva soldi. Avevano un "olandese" che viveva al terzo piano della casa; aveva perso il lavoro a causa della chiusura della fabbrica e semplicemente non aveva nessun altro posto dove andare.

Mi piaceva la nonna e visitavo spesso la sua stanza. Era nata sulla sponda canadese del lago nel 1883. Mi raccontò di quando viaggiava su una slitta avvolta in vesti di bufalo, con i mattoni riscaldati nel camino sotto i piedi. Aveva una foto della regina Elisabetta sul muro della sua stanza. Con l'Unità Lakeside, lei e il nonno avevano incontrato Re Giorgio e la Regina Mary in un ricevimento a Buckingham Palace. L'ho saputo da un giornale che ho trovato tra le sue cose.

In qualche modo la nonna mi ha trasmesso da ragazzino che la medicina è una professione, distinta dalle attività per profitto personale, e che, nel senso originale della parola, gli affari non sono una professione. Ho lottato con quest'ultima parte per un po', dato che la famiglia di mio padre era chiaramente in affari. Tuttavia, ho capito che il lavoro dovrebbe riguardare qualcosa di più del semplice guadagno.

Ero il benvenuto nella sua stanza. Un giorno entrai mentre lei usciva dalla vasca da bagno. Mi meravigliavo delle rughe. Era imperturbabile, del tutto naturale, dotata in ogni momento di una tranquilla dignità. È morta per una serie di ictus quando io avevo sette anni. Non capivo la morte. Mezzo secolo dopo, ho capito che avevo perso la migliore amica che avrei mai avuto.

Avrei seguito volentieri le certezze che lei mi aveva dato, che sarei diventato medico, come aveva fatto mio fratello. Tuttavia, nei restanti anni della mia infanzia, la strada davanti a me non solo divenne incerta, ma divenne ignota. Non sapevo come fare, ma avevo bisogno in qualche modo di capire e di avere il controllo su ciò che stava distruggendo le nostre vite. Avevo accettato il fardello di mio padre.

Vivevamo a East Cleveland, che stava crollando a causa della perdita della sua base industriale. Più o meno nel periodo della morte di mio zio, mio fratello maggiore e i suoi amici, mentre giocavano a baseball a Forest Hill Park (un'ex tenuta dei Rockefeller), furono circondati da una folla enorme, vennero picchiati e furono loro rubate le biciclette e i guanti da baseball. Mio padre reagì ritirandolo dalla scuola pubblica locale e mandandolo in una scuola privata. Sebbene fosse stato preso in considerazione anche il trasferimento da East Cleveland, non fu fatto. Quindi, quando le condizioni peggiorarono ulteriormente, alla fine anch'io frequentai la stessa scuola privata alcuni anni dopo. Ma a questo punto le risorse finanziarie della famiglia si stavano esaurendo. Ogni estate c'era l'incertezza se avrei potuto o no tornare a scuola, e me ne accorgevo.

Sentirmi dire cose brutte non mi dava tanto fastidio quanto piuttosto non sentirle dire. Avevo bisogno di sapere. Il silenzio era terribile. La vita è più difficile se le persone non possono parlare. Le cose non vengono scoperte o sono fraintese. Se fosse possibile parlare, i risultati potrebbero cambiare. Il futuro potrebbe essere modellato in meglio.

L'estate prima del mio ultimo anno fu particolarmente incerta; mia madre mi aveva detto che mio padre non avrebbe richiesto assistenza finanziaria. Non avevo idea se sarei tornato a scuola. Ma alla fine dell'estate ho ripreso ad allenarmi a calcio, perché nessuno mi aveva detto che non potevo. Consegnavo i giornali prima della scuola, lavoravo come cameriere di notte e come custode nei fine settimana, guidavo un camion per le consegne e dipingevo le case. Stavo leggendo libri di economia e, non perdendo alcuna opportunità, sono riuscito a organizzare uno stage in ricerche di mercato presso un'azienda della lista "Fortune 500".

Molti anni dopo, dopo la morte di mia madre, trovai una copia della lettera che aveva inviato alla scuola, che a quanto pare mi aveva assicurato l'ultimo anno. Forse per un po' di imbarazzo questo non mi era mai stato spiegato. Senza la mamma, forse all'improvviso non avrei avuto altra scelta che completare la scuola superiore a East Cleveland, che allora era piuttosto in anticipo sui tempi; avevano già la polizia e i metal detector nei corridoi.

Quando dissi a mio padre che mi interessava studiare economia, mi disse che questo non mi avrebbe preparato a fare nulla e che avrei dovuto studiare ingegneria. Avevo notato, tuttavia, che gli ingegneri della nostra famiglia non sembravano cavarsela altrettanto bene. E così, contro il consiglio di mio padre, ho scelto di frequentare una *business school* statale, studiando finanza e informatica. Nella mia mente queste attività erano nobilitate dall'idea che il business è la scienza che permette di soddisfare i bisogni umani insoddisfatti e che ciò può essere fatto in modo sostenibile solo se fatto in modo redditizio. In seguito mi resi conto con difficoltà che le persone che lavorano nel mondo degli affari non hanno uno scopo più importante del fare i soldi. Nient'altro si avvicina a questo, tranne forse l'essere importanti e le scappatelle sessuali. Ero un valore anomalo. Ero estremamente concentrato nel perseguire cose che sentivo di dover capire. Questo mi ha dato un vantaggio. Venivo a sapere cose che gli altri non sapevano.

Provenendo da una famiglia di ingegneri e medici, allora non sapevo nulla del mondo dell' "alta finanza", e non avevo nessuno che mi guidasse. Investii in un abbonamento al *Wall Street Journal*, che a quei tempi era in realtà una pubblicazione economica basata sui fatti. A volte mi sono costretto a esaminarne una pila, pagina per pagina. Notavo le inserzioni pubblicate per annunciare importanti affari. Questi erano in qualche modo importanti. Le aziende coinvolte erano per la maggior parte a New York. Sapevo che dovevo andare lì.

Mia moglie Valerie ed io ci siamo sposati due settimane dopo la mia laurea. Due settimane dopo, ho iniziato a lavorare con un'azienda di servizi informatici. Avevo una certa esperienza con la programmazione e, dopo un ulteriore programma di formazione di 90 giorni, scelsi di recarmi nel loro ufficio al 44 di Wall Street come rappresentante tecnico piuttosto che come venditore. Il costo dell'affitto mensile e dell'abbonamento ferroviario era così alto, e io venivo pagato così poco, che non potevamo permetterci né il telefono né la carne. Ma nel corso dell'anno successivo, supportando i team di vendita, ho potuto entrare in contatto con un gran numero di attività a New York che lavoravano con informazioni finanziarie: banche di investimento, banche commerciali, società di intermediazione, società di obbligazioni, partnership di investimento, agenzie di *rating* e persino la *Depository Trust Corp.* Mi è stato permesso di essere lì per mostrare loro come ottenere le informazioni di cui avevano bisogno e come realizzarlo. Andavo alle riunioni tutti i giorni e programmavo le domande fino a tarda notte. Alla fine, ho potuto rendermi conto di dove stavo andando.

Nel giro di un anno, in qualche modo sono riuscito a entrare in un gruppo di fusioni e acquisizioni, che era un cliente. Dopo una serie di interviste ad alto stress, il capo del gruppo, *Mad Dog* Jeff Beck, mi ha detto: "Se ti riveli uno psicopatico o un bugiardo patologico, ti diamo un bonus!" Jeff sapeva di cosa parlava. Lui potrebbe non essere stato psicopatico, ma anni dopo ha dimostrato di aver lottato pesantemente con la seconda definizione. Le bugie sono una trappola, e forse soprattutto per chi le racconta. Alla fine lo hanno distrutto. Una volta mi disse in modo autoironico: "Sei una persona vera!"

I miei coetanei erano il figlio di un miliardario, la figlia di una famiglia straordinariamente ricca di Hong Kong e il figlio del presidente di una società della lista *Fortune 500*. Mi è stato permesso di essere lì solo per una ragione: capivo come fare ciò che andava fatto. C'era un po' di pressione. Un vicepresidente senior mi aveva detto: "Faresti meglio ad assicurarti di volerlo fare, perché se sbagli, te ne vai".

Per i successivi cinque anni fu normale lavorare sette giorni su sette senza dormire per diversi giorni. Nacque il nostro primo figlio. Allora vivevamo a Brooklyn Heights, in un minuscolo appartamento, a solo una fermata di metropolitana dall'ufficio al numero 1 di New York Plaza. Se ero a casa e dovevo tornare in ufficio, mentre raggiungevo gli ascensori, il mio cuore iniziava a battere forte perché non sapevo quanti giorni sarei rimasto lì senza uscire.

L'ho pensato come un crogiolo. È attraverso le reazioni in condizioni di disagio che si arriva a conoscere se stessi e gli altri. Avevo riscontrato molte di queste reazioni e riuscivo a mantenere la concentrazione anche sotto grande pressione e con poco sonno, quando un cacciatore di teste mi si avvicinò per farmi andare a lavorare per Ivan Boesky, in seguito soprannominato "Ivan il Terribile". Il compenso iniziale sarebbe stato circa dieci volte quello che ricevevo in quel momento. Stavo pensando di farlo, ma non era proprio una questione di soldi. In quegli anni vivevo secondo la frase di Nietzsche: "Ciò che non mi uccide, mi rende più forte". Lavoravo già 24 ore su 24 per personalità estreme; perché non farlo? Sarei stato in una squadra di tre uomini seduti direttamente fuori da una finestra aperta nell'ufficio di Boesky, attraverso la quale poteva abbaiare ordini, ma che poteva chiudere per le sue conversazioni private e sensibili. Volevano che fossi lì per elaborare modelli rapidi di disgregazione e valutazioni di grandi aziende, cosa che ero in grado di fare da un giorno all'altro. Fortunatamente per me, quella trattativa si è improvvisamente raffreddata. È stato arrestato poco dopo. E così ho imparato qualcosa sull'attrazione del denaro e su come stare attenti alle proprie scelte e associazioni.

Ci eravamo trasferiti in una vecchia e grande casa a Chatham, nel New Jersey, e avevamo invitato mia madre, e la madre di mia moglie, con il figlio più giovane, a trasferirsi da noi. Ero ancora in modalità sopravvivenza e volevo prendermi cura di tutti. Il tragitto verso la città durava un'ora e mezza, andata e ritorno, tre ore al giorno. Un dodicesimo dell'anno era pendolarismo. Ho sfruttato quel tempo, ma mi rimaneva poco per stare semplicemente a casa con la famiglia.

Nel 1987 ricevetti un'offerta per unirmi al gruppo *Mergers & Acquisitions* (fusioni e acquisizioni) presso L. F. Rothschild. Scelsi invece di trasferirmi per metà del compenso in una società di *private equity*. Conoscevo il lato dell'agenzia nel business degli affari; Avevo bisogno di conoscerne il lato principale. In qualche modo avevo anche la sensazione che ci sarebbe stato uno schianto. Un mese dopo, durante il Lunedì Nero, il capitale di L. F. Rothschild fu spazzato via e l'azienda cessò presto di esistere.

Ero entrato in quella che all'epoca era la più grande società di *private equity* del mondo, avendo appena raccolto un fondo di 1,3 miliardi di dollari (che in passato erano un sacco di soldi). La maggior parte dei partner erano avvocati e dipendevano da una società di contabilità per eseguire le analisi finanziarie. Questo è stato sorprendente per me, poiché avevo sperimentato che il processo stesso di effettuare la propria analisi finanziaria è fondamentale per svilupparne la comprensione. Nel giro di poche settimane mi sono accorto che potevo trovare grossi errori nei modelli finanziari elaborati dai contabili.

Il primo anno ho gestito l'acquisizione di una compagnia telefonica a lunga distanza, costruendo il modello finanziario, progettando e gestendo la *due diligence*, negoziando il finanziamento e gestendo i team legali. È stato un processo complesso, che ha richiesto il coordinamento di centinaia di persone. La responsabilità di tutto ciò era schiacciante. Il partner dell'accordo, avendo difficoltà a causa dello stress, tornò a casa e rimase a letto per sei mesi.

A volte era inevitabile che lavorassi tutta la notte, magari dormendo brevemente sul pavimento. Più regolarmente, prendevo una limousine che ci aspettava, fino a casa nostra a Chatham, per dormire qualche ora, solo per alzarmi di nuovo per prendere il treno per tornare in città. Il sabato mattina iniziava con i negoziati alle 8, che si protraevano fino alle 3 di domenica mattina e riprendevano alle 8 di domenica mattina. Questo ritmo andò avanti per nove mesi. La *due diligence*, compilata in una serie di schedari e riassunta in un unico taccuino, è stata selezionata per dimostrare le capacità dell'azienda ai soci accomandanti. Questo accordo avrebbe prodotto la più grande plusvalenza nella storia dell'azienda. I "libri delle offerte" riempiono uno scaffale. Ho firmato ogni documento. Avevo ventotto anni. Qualche tempo dopo la chiusura, fui chiamato nell'ufficio all'angolo e mi dissero che potevo fare qualsiasi cosa nell'azienda.

Tuttavia, la mia famiglia soffriva a causa di tutti questi anni di intensa concentrazione. Il passaggio al settore del *private equity* non ha fatto altro che aumentare l'intensità, poiché non potevo sfuggire alla responsabilità totale. Nei primi mesi di questo accordo è nato il nostro secondo figlio. Ho dovuto stare al telefono fuori dalla sala parto per un'ora e mezza, per sistemare le cose in modo da poter stare con mia moglie e mio figlio appena nato per due giorni. Alcuni mesi dopo la conclusione di questo accordo, mia moglie mi disse che se avesse saputo che la nostra vita sarebbe stata così, non mi avrebbe sposato. Questo è stato un duro colpo. Pensavo di essere un eroe per la mia famiglia. Le ho detto che potevamo andare ovunque e fare qualsiasi cosa, e abbiamo tirato fuori l'atlante stradale degli Stati Uniti. Lo abbiamo sfogliato stato per stato, cercando di immaginare dove avremmo potuto essere felici. Alla fine, ho semplicemente lasciato l'azienda e siamo tornati a Cleveland nel tentativo di trovare uno stile di vita più equilibrato.

Ci trasferimmo in una casa costruita nel 1920 a Cleveland Heights. In quella casa sono nati due dei nostri figli. Era il suono delle campane della chiesa che ricordavo dalle visite da bambino a casa di nonno Webb.

L'intensità è rimasta. Alla fine, ho iniziato con i partner di una piccola attività di gestione degli investimenti. Avevo sviluppato l'idea che i mercati pubblici offrissero maggiori inefficienze e migliori opportunità sia di acquistare che di vendere rispetto ai mercati privati. Sapevo come fare ricerche e analisi approfondite. Avevo bisogno di sapere come funzionavano i mercati e il sistema finanziario in generale. Dall'inizio del mio coinvolgimento, ho gestito tutto il trading e ho continuato a sviluppare processi, strategie e team di trading. All'inizio ho gestito solo azioni *long* e poi azioni *long/short*. L'azienda crebbe da 2 milioni di dollari a 2 miliardi di dollari di *asset* in nove anni.

Anche se allora non era e non è ancora generalmente compreso, il declino della velocità del denaro (velocity of money, VOM) segnò l'inizio della crisi finanziaria asiatica, che alla fine portò alla crisi del rublo e al fallimento della gestione del capitale a lungo termine. Attraverso la gestione diretta di tutte le operazioni di *trading*, ho potuto vedere che qualcosa di significativo era cambiato all'interno del mercato. Per me era chiaro che non si trattava semplicemente di un clima di crisi, ma dell'inizio di una vera crisi. Pochi avevano la stessa sensazione e questo fu motivo di conflitto all'interno della nostra azienda. In un periodo turbolento è meglio vendere i picchi e comprare i cali. Ad alcune persone piace farlo al contrario. Più o meno in questo periodo, il nostro terzo figlio, un lettore precoce, lesse una quotazione azionaria dal giornale ed esclamò: "Questo significa: oh no!"

Giovedì 27 agosto ero partito con i miei figli per un lungo weekend in canoa in Canada, essendo questa la nostra unica vacanza per l'estate del 1998. Ho chiamato in ufficio giovedì mattina prima della partenza in canoa perché dopo non potevo accedere ai telefoni. Mentre ero via, furono date istruzioni di rimuovere l'intera posizione corta che proteggeva l'*hedge fund* dalle perdite, e i dipendenti furono convocati per annunciare loro che avrei lasciato l'azienda. Tutto questo avveniva a mia insaputa mentre mi stavo godendo un po' di vita con la mia famiglia.

Arrivato presto in ufficio lunedì 31 agosto rimasi sbalordito nell'apprendere ciò che era accaduto mentre ero in vacanza. Con mio ulteriore stupore venni informato che c'era stata una "rivolta di palazzo" e che da quel momento in poi sarei stato il solo ed indiscusso responsabile dell'*hedge fund*. Forse ciò era dovuto al triste fatto che tutte le coperture erano state rimosse, in combinazione con l'imminente possibilità di un vero e proprio crollo del mercato.

Quel giorno vide il calo di punto più grande di sempre in tutti gli indici di mercato, ad eccezione del Dow 30, che ha subito il secondo calo di punto più alto della storia. Il nostro *hedge fund* avrebbe perso il 10% nel corso della giornata. Tuttavia, in apertura, ho venduto allo scoperto l'intero valore del fondo. Verso la fine della giornata, ho potuto vedere vendite dettate dal panico. Allora eravamo nella posizione di comprare mentre c'era il panico. Ho coperto l'intera posizione corta al costo minimo. Solo grazie a questi movimenti estremamente stressanti il fondo è stato miracolosamente protetto dalle perdite, chiudendo in pareggio. Il NASDAQ composito ha chiuso la giornata in ribasso dell'8,6%.

A quel tempo, il patrimonio dell'*hedge fund* ammontava a circa 60 milioni di dollari. Nel corso dei tre anni successivi, questa cifra è cresciuta fino a superare 1,3 miliardi di dollari.

Verso la fine degli anni '90 avevo capito che la creazione di moneta da parte delle banche centrali stava facendo impallidire l'attività economica reale e che le azioni della *Federal Reserve* stavano determinando la direzione dei mercati finanziari. All'epoca questa era considerata una teoria del complotto, anche dai miei soci.

Ho sviluppato un modo per anticipare i cambiamenti nella direzione dei mercati finanziari in base alle variazioni del tasso di crescita dell'offerta di moneta. Ciò è stato determinato dalle operazioni di mercato aperto della Fed di New York.

Al tempo della bolla delle *Dotcom*, sapevo che la velocità del denaro aveva cominciato a crollare; Ho visto un'incredibile escalation nella creazione di denaro che ha generato una scarsa crescita. Credevo che, nel corso di molti anni, ci sarebbe stata una grave depressione e che l'unica domanda fosse se ci sarebbe stata o meno una guerra globale. Questo era prima dell'11 settembre.

Ho sviluppato un metodo per utilizzare centinaia di posizioni attentamente selezionate sul lato corto, soprannominate "la crema della schifezza". Usando questo sistema, nessuna posizione potrebbe danneggiarci gravemente e, se si fa bene, funziona molto meglio di un indice. Il lato lungo era più concentrato. Complessivamente, in qualsiasi momento, avevamo in genere più di 350 posizioni. Lavorare con un numero così elevato richiedeva un *trading desk* e una tecnica di lavoro di squadra appositamente pianificati. Ci siamo regolarmente posizionati dall'altra parte dei flussi di *trading*, attirando pazientemente la nostra attenzione attraverso lo *spread bid/ask*. Osservare e sondare così tante posizioni ci ha fornito un'ampia sensibilità del mercato in tempo reale, detta anche "granularità". Potevamo modificare le dimensioni senza spostare il mercato, utilizzando la liquidità disponibile in molte posizioni. Il *trading desk* funzionava come una redazione, vedendo tutto man mano che veniva pubblicato e conducendo ricerche continue. Se una posizione si muoveva senza novità, ci muovevamo urgentemente per scoprirne il motivo.

Era necessario alimentare e mettere in discussione con attenzione e continuità un modello integrato di come funzionava il mondo e di tutte le nostre posizioni. Questo modello non era sulla carta; era nella mia testa. Ciò ci ha permesso di agire immediatamente di fronte a sviluppi significativi. Ma era assolutamente vitale concentrarsi immediatamente su qualsiasi informazione o sviluppo che non fosse conforme al modello mentale. Nel vagliare nuove informazioni, non mi concentravo tanto sulle cose che si adattavano alle mie idee quanto su quelle che non si adattavano, che minacciavano la mia comprensione.

La mente intuitiva, se adeguatamente e correttamente informata, può essere miracolosamente potente, sapendo immediatamente ciò che la mente razionale non può ancora vedere. D'altra parte, se vengono fornite informazioni sbagliate e se le ipotesi errate non vengono segnalate e messe in discussione, è un disastro disfunzionale. La mente razionale può essere impiegata per informare l'intuitiva con informazioni controllate e per testare continuamente ciò che la mente intuitiva pensa di sapere. Con la cooperazione tra questi aspetti della mente, è possibile approfondire per esaminare i dettagli, rimpicciolire per vedere implicazioni più grandi e viceversa.

In definitiva, una *due diligence* approfondita richiede di precisare le proprie ipotesi e di testarle rigorosamente. I documenti di origine primaria possono fornire informazioni inconfutabili. È possibile utilizzare fonti distorte, ma è necessario riconoscere il pregiudizio e tenerne conto nel valutare le informazioni. Un'affermazione coerente con il pregiudizio è di scarsa importanza. Tuttavia, è probabile che qualcosa di riconosciuto che va contro questo pregiudizio sia reale. Per sapere veramente qualcosa bisogna rivolgersi direttamente a chi ha esperienza immediata della situazione. Non puoi saperlo davvero parlando con qualcuno che ne ha solo letto. Se all'improvviso mi rendevo conto che avevo bisogno di sapere qualcosa di importante, a volte andavo direttamente all'aeroporto con solo i vestiti addosso, volavo attraverso il paese e aspettavo la persona con cui dovevo parlare, anche se non avevo un appuntamento programmato. In realtà ha funzionato piuttosto bene. Aiuta ascoltare le cose direttamente dalle persone quando sono un po' sorprese e parlano fuori copione.

Papà mi aveva detto che comprendere la terminologia è la chiave per funzionare in qualsiasi campo. Attraverso il mio lavoro di *due diligence* avevo scoperto che era possibile acquisire dimestichezza in un periodo di tempo sorprendentemente breve anche su questioni tecniche con i capi di un settore. È stato fatto mentre si faceva. Dopo la prima conversazione ero più attrezzata per la seconda. Ad ogni conversazione ho potuto approfondire meglio le domande sostanziali. Alla terza conversazione, l'altra persona ha cominciato ad essere interessato a parlare con me, perché avevo appena parlato con due persone nel loro campo di alcune questioni interessanti. E da lì è iniziato. Potrei farlo con medici, ingegneri chimici e persino neuroscienziati. A volte mi chiedevano se mi ero formato nel loro campo.

C'era una piccola azienda di dispositivi medici che cresceva a un ritmo elevato, sulla quale avevo svolto un intenso lavoro di *due diligence*. Avevamo una posizione ampia. Gli scambi erano scarsi, quindi ho monitorato la situazione con molta attenzione. Avevo un modello dettagliato della crescita mensile delle vendite generata dal tasso di ordinazioni nei singoli ospedali. Un giorno, l'azienda ha registrato vendite che non hanno rispettato la mia previsione. Stavano ancora crescendo a un ritmo elevato ma aggiustando il mio modello, ho potuto vedere che il tasso di ordinazioni doveva essere diminuito in qualche ospedale. Nessun altro sembrava averlo notato e la società non riconosceva alcun problema. Ho iniziato a chiamare a freddo negli ospedali. Sono riuscito a chiamare al telefono un'infermiera della sala operatoria che era appena uscita dall'intervento. Mi ha raccontato tutto sul motivo per cui avevano smesso di usare il dispositivo. Allora sapevo che le vendite di questa azienda sarebbero andate a zero.

Ora avevo un grosso problema: come far uscire tutti. Gli *hedge fund* non solo avevano una grande esposizione, ma anche un gran numero di conti per singoli clienti, che al tempo stavo ancora gestendo. Oltre a ciò, anche gli amici più stretti partecipavano in gran parte alle azioni, così come una scuola che avevo sostenuto. Ci sono volute settimane per ridimensionare pazientemente le posizioni e far uscire tutti senza perdite. Abbiamo gestito tutto dal nostro *trading desk*, compreso il coordinamento delle vendite per gli amici e per la scuola. Mi sono assicurato che fosse tutto fatto. Quindi le persone alla nostra scrivania potevano vendere le loro azioni. Fatto ciò, la penultima vendita è stata per mia madre. Le ultime azioni vendute sono state quelle dei miei parenti stretti. Mi sono assicurato che tutti sulla scrivania vedessero come avevo gestito la cosa. Anticipare in prima persona gli ordini dei tuoi clienti e di tutti coloro a cui dici di interessarti è spazzatura. Alcune persone operano con la certezza che dovrebbero prima aiutare se stesse, soprattutto nelle questioni importanti. So che si fa, ma è qualcosa che io non farei. Non me lo permetterei.

Nel corso di ciò, ho stanato alcuni broker istituzionali presso un certo *prime broker* che si era organizzato per copiare segretamente le mie operazioni e le stava sfruttando. Ora ho il sospetto che, verso la fine, i *prime broker* stessero permettendo ai *trader* di anticipare le mie liquidazioni di fine mese.

Abbiamo utilizzato l'intero bilancio. Nei giorni dei grandi movimenti del mercato, abbiamo scambiato milioni di azioni e avremmo potuto guadagnare o perdere decine di milioni di dollari. Gestire tutto questo richiedeva calma emotiva e concentrazione intensa. Ho detto a mia moglie che era come una *performance* artistica. L'ego offusca il giudizio, soprattutto quando la posta in gioco è alta. Ho preso l'abitudine di concentrarmi al di fuori di me stesso e di anteporre *effettivamente* il dovere e la responsabilità verso gli altri ai miei interessi. Per me il mio lavoro non riguardava il fare soldi. Doveva essere qualcosa di più, altrimenti non avrei potuto sopportare l'immenso peso di tutto questo.

Tra i miei clienti c'erano un ex segretario al Tesoro degli Stati Uniti, un ex presidente della *Federal Reserve Bank* di New York e alcuni dei maggiori investitori istituzionali. Persone provenienti dalla Svizzera venivano a Cleveland. Stavano cercando di carpire il segreto di come stavo facendo quello che stavo facendo. Ma non esisteva un algoritmo segreto. Era un modo di pensare. Mia madre mi chiedeva quali corsi avessi seguito o quali libri avessi letto per insegnarmi a fare quello che facevo. Ho risposto: "Mamma, non ci sono i libri che lo spiegano".

Impegnarsi ad assorbire le dichiarazioni dei media, dei funzionari governativi, dei dirigenti aziendali e dei loro portavoce, crea l'illusione di essere informati. Come disse Samuel Clemens: "Non è ciò che non sai che ti uccide; è quello che sai per certo che non è così". Attraverso una dura esperienza, sono arrivato a sapere che, anche se può essere abbastanza difficile conoscere la verità, è abbastanza facile individuare le bugie.

Le persone si comportano in modo deludente quando sono coinvolte grandi quantità di denaro o un ego sfrenato. Con entrambi ci saranno sicuramente problemi. Quando ho scoperto di essere stato il bersaglio di un tradimento pianificato da tempo, sono rimasto sgomento e ho deciso di ricominciare.

Ricominciare da capo significava liquidare gli *hedge fund* che gestivo. Tra il 1 settembre 1998 e il 9 novembre 2002, quando ho liquidato i fondi, il rendimento totale di questi fondi è stato del 258%, al netto delle commissioni (il rendimento lordo è stato superiore al 320%). In confronto, gli indici S&P500 e NASDAQ erano diminuiti durante il periodo che ha attraversato gli estremi della bolla e del crollo delle *dot-com*. Se ci sono stati fondi al mondo che durante questo periodo hanno funzionato bene quanto i miei, erano pochi.

Questi risultati sono stati revisionati. Inoltre, ora erano contanti su rendimenti in contanti, e quindi i clienti sapevano che erano assolutamente e sorprendentemente *reali*: una cosa è ricevere estratti conto; un'altra cosa è aver effettivamente ricevuto i fondi. Un cliente mi ha chiamato immediatamente e si è offerto di sostenermi con 1 miliardo di dollari, spiegandomi che in quel caso non avrei avuto bisogno di raccogliere fondi. È stato un momento straordinario per me. Ero estremamente lusingato, ma ho finito per rifiutare l'offerta quando ho saputo di una lettera accessoria che avrebbe messo in svantaggio gli altri clienti.

Mentre era in corso il fallimento delle *dot-com*, mi fu chiesto di incontrare George Soros negli uffici della *Soros Management* a New York. Ho portato alla riunione un unico pezzo di carta. Questo era un grafico che mostrava che il tasso di crescita della spesa in conto capitale degli Stati Uniti aveva superato di cinque deviazioni standard la media, senza mai superare le tre deviazioni standard nella storia.

Ho spiegato che ciò significava che ci sarebbe stato inevitabilmente un fallimento storico.

Soros guardò attentamente il pezzo di carta, mi guardò e disse: "Questo è bello!" Ha studiato ulteriormente il foglio, mi ha guardato di nuovo e ha detto: "Questo è molto buono!" Non era in disaccordo con me riguardo al fallimento, ma ha detto: " Non *possono* permettere che la cultura dell'equity fallisca". Ho detto: "Cosa possono fare che non abbiano già fatto?" In risposta disse: "Non sai cosa *possono* fare". Così, in un momento del genere, anche George Soros parlò di *loro*.

Poi sorrise e disse: "Grazie!" il che significa che questa era la fine dell'incontro. Uno dei suoi conduttori mi ha seguito fuori dalla stanza e ha detto: "Come hai fatto? Non ho mai visto nessuno farlo!"

Ero stupito e lusingato di avere qualcosa a che fare con George Soros e che lui prendesse sul serio me, questo ragazzo dell'Ohio. Sicuramente sapeva molte cose che io non sapevo. Ma d'altra parte sapevo cose che lui non sapeva. All'inizio del 2003, lo incontrai di nuovo nel suo ufficio, gli mostrai un grafico di una pagina della sorprendente crescita dei titoli garantiti da attività (*Asset-Backed Securities*, ABS) e predissi che questa sarebbe stata la base della prossima bolla e del crollo. Ha detto: "Sei pazzo". Ma era molto interessato a come stavo facendo quello che stavo facendo e glielo ho spiegato. Ha detto: "Hai ritmo. Anche altre persone riescono a sentire il ritmo".

Ho ricominciato nel gennaio del 2003 con circa 300 milioni di dollari di capitale e altri 300 milioni di dollari di impegni, portando con me ventiquattro dipendenti, il che significa che nessuno ha perso il lavoro a causa della mia partenza. Durante il picco della bolla delle Dotcom, ho potuto "combattere la Fed", perché ho potuto vedere l'accelerazione e la decelerazione nelle loro iniezioni di liquidità. Potevo già vedere che ci sarebbe stato un altro fallimento ancora più grande. Sentivo di avere la responsabilità di proteggere le persone, di andare avanti e di farlo di nuovo. Ma questa volta sarebbe stato diverso. I due anni successivi mi hanno quasi ucciso.

I mercati hanno sempre funzionato in gran parte come un sistema chiuso (ad eccezione delle operazioni di mercato aperto della Fed di New York, che avevo imparato a monitorare e interpretare). Potevo vedere i flussi da un settore del mercato all'altro. Affinché alcuni settori dei mercati finanziari aumentassero in modo significativo, altri settori sono stati venduti per fornire i fondi. Ho cercato opportunità per lavorare in modo opposto a questi flussi e rotazioni, acquistando ciò che gli altri avevano ordini di vendere e vendendo ciò che gli altri volevano acquistare, ma attirandoli attraverso lo *spread bid/ask*.

Nel marzo del 2003 ho iniziato a vedere un fenomeno che non avevo mai visto prima. Nei singoli giorni *tutto* è andato avanti, senza alcuna fonte apparente di flussi di fondi. Non c'era rotazione. Tutti i settori sono saliti, così come le obbligazioni. Ciò non è stato determinato da operazioni di mercato aperto perché la crescita dell'offerta di moneta era in calo. Qualcosa senza precedenti stava accadendo all'interno del mercato. L'unica spiegazione era che la moneta creata veniva ora iniettata direttamente nei mercati finanziari; Ne ho scritto in quel momento. Non si capisce nemmeno adesso che questo fu l'effettivo inizio del "*Quantitative Easing*" (QE), più di cinque anni prima che fosse annunciato ufficialmente durante la crisi finanziaria globale. L'ho visto come un atto di disperazione e ho sentito ancora una volta la mia responsabilità di proteggere le persone.

La crescita dell'offerta di moneta stava diminuendo drasticamente. I prestiti commerciali e industriali erano in calo. Sospettavo che la crescita dei titoli garantiti da attività (ABS) e dei derivati fosse altamente infondata e che inevitabilmente ci sarebbe stato un crollo epocale.

Verso la fine dell'anno, nonostante la facile disponibilità di credito, i segnali di tensione economica aumentavano, ma le persone non lo capivano, ad eccezione di coloro che ne venivano colpiti direttamente. Non si poteva saperlo ascoltando la narrazione dei media. E, se si riesce a far salire il mercato azionario, la gente pensa che le cose debbano andare bene.

Aumenta il numero dei ritardatari nel pagare le bollette. I pignoramenti come percentuale del totale dei prestiti residenziali in essere stavano salendo a livelli record. Nella primavera del 2004, mi stavo preparando a scrivere di questo nella mia lettera trimestrale quando ho scoperto che l'indice DLQTFORE sul sistema *Bloomberg* era stato modificato per mostrare invece che i pignoramenti stavano andando verso il basso. Ho chiesto a uno dei ragazzi al desk di approfondire cosa era stato fatto alle serie di dati. Ha chiamato l'agenzia responsabile dei dati. Alla fine gli venne detto che, mentre le serie di dati erano state calcolate costantemente nello stesso modo fin dagli anni '70, la metodologia era stata recentemente cambiata, e che questo cambiamento era stato applicato retroattivamente; in effetti la metodologia veniva ora modificata ad ogni rilascio di dati. In questo modo è stato possibile pubblicare qualsiasi linea di tendenza desiderata.

Dopo l'11 settembre, altre importanti serie di dati economici sono state similmente alterate per adattarsi al copione della forza economica e della crescente prosperità. Si stava attuando un livello senza precedenti di disinformazione deliberata da parte del governo. Essendo stato un repubblicano "Dio e Patria" che aveva votato per George Bush, ero scosso. Perché il nostro governo dovrebbe lavorare per dare al pubblico una falsa comprensione di ciò che stava accadendo?

Bush tenne un discorso televisivo in un magazzino del Texas, in piedi di fronte a quelle che sembravano scatole di spedizione con la scritta "Made in America". L'immagine era uno sfondo falso e quindi simboleggiava inavvertitamente l'epica frode che veniva perpetrata in quel momento. Chiamavo regolarmente uomini d'affari per approfondimenti sull'economia reale. Alcuni gestivano attività industriali. Un avvocato specializzato in diritto fallimentare, nostro amico da quando avevamo dodici anni, stava gestendo le pratiche per uno dei maggiori istituti di credito del mercato medio. Osservando il loro database di oltre 2.000 aziende del mercato medio, mi ha detto che il punto comune era che stavano tutte chiudendo la produzione statunitense il più rapidamente possibile e delocalizzando in Cina. In questo modo si potevano guadagnare decine di punti percentuali di profitto lordo. Si trattava di inseguire profitti a breve termine; ma poi perdi la tua base industriale e altro ancora.

Nella testimonianza al Senato, Alan Greenspan parlava del "miracolo della produttività" presumibilmente guidato dagli investimenti tecnologici. A quei tempi, "Il Maestro" era implicitamente considerato dotato di saggezza sovrumana, che, ovviamente, usava con benevolenza nel suo ruolo di guardiano dell'economia statunitense. Forse allora era abbastanza intelligente da sapere che la produttività viene calcolata semplicemente come vendite/ore lavorate. Come presidente della Fed, e come economista, deve aver saputo che tutto ciò era causato dalla diminuzione delle ore lavorate, dalla gente che perdeva il lavoro mentre la produzione americana veniva chiusa e esternalizzata, e che la spesa veniva mantenuta solo attraverso la massiccia creazione di denaro e l'espansione del debito. Alle persone è stato permesso e invitato ad indebitarsi ulteriormente perdendo i propri mezzi di sussistenza; quello fu il "miracolo".

Mentre le basi imponibili dei governi statali e locali venivano svuotate, la politica monetaria della Fed stava gonfiando un'enorme bolla di *asset* finanziari. A fronte di questi due fatti, cosa avrebbe potuto sostenere il Maestro? Se l'obiettivo fosse stato quello di servire gli interessi del pubblico, si sarebbe raccomandato di tassare i guadagni finanziari inattesi generati dalla politica monetaria e di destinare i proventi al sostegno fiscale alle comunità, che stavano perdendo la loro base imponibile. È stato fatto il contrario. Le tasse sui dividendi e sulle plusvalenze sono state sostanzialmente ridotte. I governi statali e locali furono costretti ad aumentare le tasse e a tagliare i servizi. Questa scelta deliberata distrugge città, paesi, comunità e le persone che vi abitano. Questo è il motivo per cui i pignoramenti delle case e le insolvenze dei servizi pubblici stavano raggiungendo livelli record. Ed è per questo che si stava modificando il calcolo dei dati economici, compreso quello dell'indice DLQTFORE.

Qual è il compito del presidente della Fed? Nel caso del Maestro sembra che sia stato fatto per offuscare ciò che stava realmente accadendo. Perchè lo fa? Risposta: il presidente della Fed non lavora per il pubblico; lavora per le persone che possiedono e controllano la Fed. Non ti è permesso sapere chi sono queste persone. Perché le persone che controllano la Fed vorrebbero offuscare ciò che stava accadendo?

Adesso stiamo andando da qualche parte. C'è qualcosa di molto, molto più grosso dietro tutto questo. Ecco di cosa parla questo libro.

Come è stato ampliato il debito mentre le condizioni del credito si stavano deteriorando? Era necessario creare un'illusione massiccia e audace: che non esistesse alcun rischio, in particolare che non ci fosse bisogno di preoccuparsi della capacità dei mutuatari di ripagare gli obblighi finanziari. Il sistema ha funzionato così bene che le banche hanno interrotto le loro funzioni di sottoscrizione del rischio, offrendo allo stesso tempo mutui per un importo superiore al prezzo di acquisto di una casa, in modo che i mutuatari ricevessero un rimborso in contanti alla chiusura. Si potevano concedere prestiti anche a persone disoccupate e senza reddito, proprio quello che serviva.

L'intero sistema finanziario globale è stato spinto in modo aggressivo verso la creazione e la cartolarizzazione di prestiti in titoli garantiti da attività (ABS) e al riempimento dei bilanci con questi titoli. Con l'illusione di un rendimento privo di rischio, la domanda di questi titoli garantiti da attività era così elevata che furono venduti più volte su base sintetica, cioè come strumenti derivati. C'era un fumetto di Dilbert in cui il malvagio Dogbert diceva: " La parola *Prospectus* è latino. Significa chiudere gli occhi e aprire la bocca".

Ciò è stato reso possibile da notevoli sofismi e dai Credit Default Obligations (CDO), "miracoli della finanza moderna", come li ha definiti Greenspan. Interrogato sull'esposizione al rischio, disse: "Presumibilmente, il rischio sarà sostenuto da coloro che sono meglio in grado di sopportarlo". Nel gettare le basi per questo, Robert Rubin e Larry Summers si erano uniti a Greenspan, pubblicizzati da Time Magazine come i "Tre Marchettieri" e come "Il Comitato per salvare il mondo". Avevano presieduto all'abrogazione di sezioni chiave del Glass-Steagall Act, che aveva separato il settore bancario commerciale da quello di investimento dal 1933. Nel 2002, l'importo nozionale dei derivati in circolazione aveva raggiunto il doppio della dimensione dell'economia globale; solo sei anni dopo aveva raggiunto dieci volte il PIL globale. Circa il 10% di questo era costituito da obblighi di insolvenza creditizia; I CDO da soli avevano raggiunto le dimensioni del PIL globale.

Inventati negli anni '90, i titoli garantiti da attività (ABS) sono stati creati formando un pool di obbligazioni finanziarie (ad esempio, mutui, crediti su carte di credito, prestiti per barche) e quindi suddividendo il pool in una serie di insiemi con quotazioni di rischio ascendenti. L'idea era che eventuali fallimenti sarebbero stati assorbiti dalle tranche con il rating più basso. Ciò consentiva alla tranche più elevata di ottenere un rating AAA. Ma c'era un problema. Wall Street aveva difficoltà a vendere le tranche con rating più basso, che comportavano il rischio di fallimento. Questo è il motivo per cui la *Credit Default Obligation* è diventata così importante. È stata il fulcro. Con uno swap sul rischio di default, l'intero pool potrebbe essere riclassificato AAA.

Mi chiedevo in quel momento, chi, sano di mente, si sarebbe iscritto per correre quel rischio di default? Alla fine, è stato possibile sapere che erano state le stesse banche più grandi e che a queste era stato permesso (o ordinato) di costituire filiali di hedge fund. Queste entità apparentemente avevano assunto con entusiasmo il rischio di default, sapendo che avrebbero potuto utilizzare modelli di valutazione a fine anno che dimostrassero che non esisteva alcun rischio di default, basandosi sulla logica semplicistica che non c'era mai stato un default. Il socio accomandatario di uno di questi fondi avrebbe intascato ogni anno il 20% dei profitti cartacei risultanti. Ciò veniva fatto su scala enorme.

Con un lato corto significativo nel mercato in crescita, stavamo perdendo denaro, ma sentivo che era mia responsabilità continuare. Sapevo che se fossimo riusciti a posizionarci una volta terminato l'intervento, saremmo stati tra i pochissimi in grado di sopravvivere al fallimento. Potevo vedere che l'imminente collasso globale sarebbe stato molto più grande del crollo delle dot-com, e ho cominciato a temere che le insolvenze sarebbero state così enormi e diffuse da far fallire i *prime broker*, i custodi dei nostri *hedge fund*. Se utilizzi *short*, i tuoi beni sono impegnati in un conto collaterale. Non c'è modo di essere coperti senza esporsi al fallimento del *prime broker*. Spesso mi svegliavo nel cuore della notte e, sapendo che non potevo riaddormentarmi, semplicemente mi alzavo e continuavo a lavorare. Avevo un bruciore di stomaco cronico, che potrebbe portare al cancro esofageo, la malattia che aveva ucciso mio padre. Come mio zio prima di me, ero schiacciato dal mio senso di responsabilità.

Seduto al *trading desk* e vedendo tutto ciò che accadeva, avevo raccolto la documentazione delle molte bizzarre discrepanze nelle narrazioni dei media intorno all'11 settembre, alla guerra al terrorismo e alla "ripresa" economica. Aveva le dimensioni di un elenco telefonico. L'ho ridotto a un pacchetto più piccolo, che ho usato per provare a comunicare con amici e vicini. Avrei anche potuto parlare al muro. Avevo bisogno di capire come entrare in contatto con le persone. Alla fine, sono andato porta a porta dopo aver lavorato tutto il giorno al *trading desk*. La gente dei quartieri ricchi non ne voleva sapere. L'ho provato in un posto dove le case erano piccole. Passai davanti a un ragazzo seduto sui gradini di una casa. Sembrava interessato a quello che avrei potuto fare lì (ero ancora vestito elegante). Gli ho dato il riepilogo in miniatura. Disse semplicemente: "Buona fortuna, amico", con la voce di qualcuno che si era già arreso.

Ho deciso che non potevo andare avanti dopo che George Bush, invece di essere ripudiato, è stato rieletto. Non lo pensavo possibile. Ecco quanto ero cambiato: nella disperazione avevo votato per John Kerry. Ho continuato a lavorare come "Capitano della squadra" per la campagna di Obama. Ma non c'è stato alcun cambiamento in arrivo con "Il cambiamento in cui puoi credere" di Obama, il cui gabinetto stranamente si è conformato alla lista dei candidati di Citigroup. Dopodiché ho smesso di votare.

All'indomani della crisi finanziaria globale si è finalmente saputo che decine di trilioni di perdite su posizioni in derivati erano depositate nelle banche più grandi, che sono state poi salvate con denaro appena creato. I *prime broker* sarebbero falliti, se non fosse stato loro permesso di diventare banche e di ricevere iniezioni dirette di denaro creato dalla Fed. Nessuno è stato perseguito. Al contrario, gli autori del reato venivano ricompensati con enormi bonus. Era quasi come se tutto fosse andato secondo i piani.

Mi aspettavo fallimenti diffusi degli istituti finanziari e avevo osservato attentamente i primi segnali. Nel 2008, ho notato il fallimento di un piccolo intermediario in Florida, e sono rimasto scioccato nell'apprendere che i beni dei clienti posseduti a titolo definitivo senza alcun prestito a loro carico sono stati trasferiti al curatore e vincolati nella massa fallimentare. Dovevo capire come fosse potuto accadere e alla fine scoprii che il diritto di proprietà sui titoli, che erano stati proprietà personale per quattro secoli, era stato in qualche modo sovvertito. Ciò si sarebbe ulteriormente accentuato nei fallimenti di *Lehman Brothers* e MF Global.

Possedevo titoli di stato svedesi dal 2003, ma li possedevo negli Stati Uniti ed ero quindi esposto al fallimento del subdepositario statunitense. Avevo bisogno di trovare un modo per possederli direttamente in Svezia con diritti di proprietà. Sono volato a Stoccolma nel marzo del 2009. Senza un numero personale svedese, ho dovuto acquistare un appartamento per poter aprire conti bancari. Poi è stato possibile aprire un apposito conto titoli sul quale avrei potuto trasferire i miei titoli di Stato svedesi, per poi possederli direttamente; non potevano andare perduti se un custode diventava insolvente (oggi anche questo è stato sovvertito).

Gli svedesi erano molto interessati al motivo per cui avevo preso la decisione di trasferirmi in Svezia. Nell'aprile del 2011 mi è stato chiesto di parlare a una conferenza sugli investimenti a Stoccolma. Il titolo della mia presentazione era "*Paradigm Collapse*". Era la prima volta che parlavo pubblicamente dello smantellamento delle tutele degli investitori, compresi i diritti di proprietà sui titoli, e del contesto per comprendere il motivo per cui ciò stava accadendo.

Ho parlato pubblicamente per la prima volta negli Stati Uniti della sovversione dei diritti di proprietà sui titoli in una conferenza sugli investimenti nel 2012. C'è stata un'enorme risposta da parte di un pubblico di alcune centinaia di persone. Quando il mio tempo è scaduto, ci sono state grida di "Lascialo continuare a parlare". Gli organizzatori hanno detto che non era mai successo prima. La conferenza aveva in qualche modo un collegamento politico. Il loro capo della ricerca mi ha detto che la CIA era sicuramente lì. Il giorno dopo c'era un articolo sul *Wall Street Journal* online che confutava ciò che avevo detto, ma senza menzionarmi.

La cugina di mio padre era sposata con un tizio di nome Bob, che aveva lavorato nell'Ufficio dei Servizi Strategici, il precursore della CIA, durante la Seconda Guerra Mondiale. Erano membri insolitamente stretti della nostra famiglia, vivevano accanto al fratello di mio padre a Shaker Heights e trascorrevano ogni Natale con noi. Mio cugino, che da bambino giocava a casa loro, mi ha raccontato di aver trovato fotografie originali di penne dei sottomarini tedeschi e di una spada militare giapponese. Bob era nella *Skull and Bones* a Yale. Il suo compagno di stanza a Yale era stato William Bundy, che divenne analista dell'intelligence presso la CIA, e si dice che abbia avuto ruoli chiave nella pianificazione della guerra del Vietnam nelle amministrazioni sia di John F. Kennedy che di Lyndon B. Johnson. Il fratello di William, McGeorge Bundy, prestò servizio come consigliere per la sicurezza nazionale sia per Kennedy che per Johnson; faceva parte del *Council on Foreign Relations* all'età di quarant'anni.

Dopo che la moglie di Bob, cugina di mio padre, morì da iovane di cancro, Bob abbandonò una carriera di successo con Cleveland Cliffs e iniziò a viaggiare sistematicamente per il mondo. Papà aveva detto che presto Bob sarebbe diventato amministratore delegato. È rimasto in contatto con la nostra famiglia. Era a casa nostra per una cena di famiglia nel 1976. Spiegò che aveva deciso di fare della Rhodesia la sua base. Gli abbiamo chiesto perché e lui ha detto: "Mi piace lì". Papà, per qualche motivo, ha poi detto apertamente al tavolo: "Bob è nella CIA". Questo fu seguito da un silenzio completo per qualche tempo, finché Bob non ricominciò a parlare. La Rhodesia divenne Zimbabwe tre anni dopo. A quel tempo vivevano lì i membri della famiglia di mia moglie.

Meno di un mese dopo aver parlato a quella conferenza negli Stati Uniti, un uomo mi contattò e mi chiese di incontrarci a Stoccolma. Era stato presidente di un partito politico statunitense e aveva avuto una lunga carriera legata all'*establishment* della difesa. Soggiornava in un hotel a pochi passi dal mio appartamento. Abbiamo pranzato. Suggerì di prendere una pinta di birra. Mi chiese di spiegare l'argomento di cui avevo parlato al convegno. Spiegai le prove e le implicazioni. La cosa strana è che poi non fece domande sull'argomento. Invece, mi fissò negli occhi e mi disse: "La tua famiglia sa che stai facendo questo?" Non disse altro; quella fu la fine dell'incontro. Ho pagato il conto e me ne sono andato. Forse era stata una "chiamata di cortesia". Tutti dobbiamo morire prima o poi, ed essere assassinati deve essere uno dei modi più onorevoli per farlo. Bisogna aver fatto qualcosa di giusto! Ha fatto la differenza! Non c'è modo più elegante di morire, davvero. Ho sempre desiderato essere come John Lennon!

Non volevo scrivere questo libro, o avere qualcosa a che fare con questo, ma è diventato *inevitabile*. È come esorcizzare un demone che ha tormentato me e la mia famiglia. Deve essere fatto. E poi avrò finito. Lo autopubblico perché non voglio coinvolgere molte persone. Ho solo bisogno di tirarlo fuori. Mi aspetto che ci saranno sforzi per criticare me personalmente e questo lavoro.

Siamo stati sopraffatti da "informazioni" mediatiche spiacevoli e contraddittorie. Questo è previsto dalla pianificazione. È una strategia intenzionale, molto efficace nello spegnere il pensiero critico. Spero di non aggiungere altro peso a questo. E quindi, l'obiettivo qui è quello di essere mirati e concisi, in modo da non indebolire l'attenzione del lettore. Un ulteriore e più importante obiettivo è fornire non solo informazioni, ma una sintesi delle informazioni chiave, consentendo al lettore di comprendere cosa sta accadendo, perché sta accadendo, perché sta accadendo ora, e quale grande obiettivo si nasconde dietro sviluppi e gli eventi apparentemente non correlati.

È importante notare che ciò che viene esposto qui non è una congettura. Si trova in documenti autentici di fonte primaria, in cui gli stessi pianificatori espongono i loro piani. Desidero riconoscere l'importante contributo del mio straordinario amico, che in una delle sue tante notti insonni ha trovato la documentazione chiave del Gruppo Certezza Legale (*Legal Certainty Group*). Ringrazio le persone miracolose che mi hanno aiutato e mi hanno tenuto in vita. Desidero ringraziare le tante, tante persone eroiche che lavorano per denunciare questa presa di potere globale, una delle quali ha detto: "Le guerre non si vincono senza coraggio".

Stai per confrontarti con materiale *piuttosto* scioccante e deprimente. Non vuoi saperlo. Non vorrei nemmeno saperlo io.

Charles Dickens fece dire al suo personaggio *Scrooge* (un banchiere d'investimenti), di fronte alla sua stessa lapide:

> *Sono queste le ombre delle cose che saranno, o sono soltanto le ombre delle cose che potrebbero essere?*
>
> *I percorsi degli uomini prefigurano certi fini ai quali, se perseverati, dovranno condurre ... ma se si abbandonano i percorsi, i fini cambieranno. Dimmi che è così per me.*
>
> *Perché me la mostreresti, se avessi superato ogni speranza?*

La mia speranza è che, rendendo esplicita questa spiacevolezza, e facendolo in un momento in cui gli sviluppi stanno diventando più evidenti, la consapevolezza possa diffondersi e che il peggio possa essere evitato. Forse questa Grande Stangata potrebbe non essere consentita se ciascuno di noi tenesse fede alla propria volontà - anche i banchieri d'investimento - e dicesse con forza: non lo permetteremo. È un costrutto. Non è reale.

David Rogers Webb

Stoccolma, Svezia,

28 maggio 2023

Capitolo 1

Introduzione

> L'eccellenza suprema consiste nello spezzare la resistenza del nemico senza combattere.
>
> Sun Tzu

Di cosa parla questo libro? Si tratta di fregare *tutte le garanzie collaterali*, che è il gioco finale di questo super ciclo di accumulo del debito sincrono a livello globale. Questo verrà eseguito mediante un progetto, intelligente e pianificato da tempo, la cui audacia e portata sono difficili da accettare per una mente sana. Sono incluse tutte le attività finanziarie, tutto il denaro depositato presso le banche, tutte le azioni e le obbligazioni e, quindi, tutte le proprietà sottostanti di tutte le società pubbliche, compresi tutti gli inventari, gli impianti e le attrezzature, i terreni, i depositi minerari, le invenzioni e le proprietà intellettuali. Allo stesso modo verranno prelevati i beni personali e immobiliari di proprietà privata finanziati con qualsiasi importo di debito, così come i beni delle imprese private, che sono state finanziate con il debito. Se avrà successo anche solo parzialmente, questa sarà **la più grande conquista e sottomissione nella storia del mondo.**

Ora viviamo in una guerra ibrida condotta quasi interamente con l'inganno, e quindi progettata per raggiungere obiettivi di guerra con poco apporto di energia. È una guerra di conquista diretta non contro altri stati nazionali ma contro tutta l'umanità.

Il controllo privato e stretto di *tutte* le banche centrali, e quindi di tutta la creazione di moneta, ha consentito a pochissime persone di controllare tutti i partiti politici, i governi, le agenzie di *intelligence* e la loro miriade di organizzazioni di facciata, le forze armate, la polizia, le principali società. e, naturalmente, i media. Queste pochissime persone sono i primi promotori. I loro piani vengono eseguiti nel corso di decenni. Il loro controllo è opaco. Quando George Soros mi disse: "Non sai cosa possono fare", era a queste persone che si riferiva. Ora, per essere assolutamente chiari, sono queste pochissime persone, che vi sono nascoste, che stanno dietro questa guerra contro l'umanità. Potresti non sapere mai chi sono. Le persone che ti è permesso vedere sono assunte come "prestanomi di facciata". Uomini e donne sacrificabili.

Si potrebbe cercare conforto nel pensare che questa debba essere una follia; niente di simile è mai successo prima ... ma è successo. Il precedente dell'intento, della progettazione e dell'orribile esecuzione di un simile piano può essere trovato esaminando l'inizio del ventesimo secolo, il periodo delle grandi guerre e della Grande Depressione. Il cosiddetto "Grande Reset" ora in corso, tuttavia, include importanti innovazioni, che consentiranno una concentrazione senza precedenti di ricchezza e di potere sull'umanità attraverso la deprivazione. Come potrebbe accadere che non possederete nulla, come audacemente previsto dal World Economic Forum? Non si tratta certamente della comodità personale dell'affitto.

Con lo scoppio di ogni bolla finanziaria e la conseguente crisi finanziaria si sviluppa una storia che ormai dovrebbe esservi familiare. Funziona così: la colpa è di tutti noi. Volevamo semplicemente troppo e vivevamo al di sopra delle nostre possibilità. E ora, la nostra avidità collettiva ha causato questa terribile crisi globale. Le "Autorità", i "Regolatori" hanno lottato strenuamente per proteggerci dai nostri stessi "spiriti animali", i loro grandi ed elaborati sforzi sono stati dimostrati in decenni di lavoro. Nonostante le loro buone intenzioni, tuttavia, hanno fallito e non possono essere incolpati (o perseguiti) per questo. Dopotutto, la colpa è di tutti. In ogni caso, guardiamo avanti. Il sistema finanziario deve essere riavviato, in modo da potervi nuovamente fornire credito, creare posti di lavoro e far crescere l'economia, *qualunque cosa serva*!

Questa volta, ciò che servirà è tutta la tua proprietà, o ciò che pensavi fosse di tua proprietà. Ecco la tua valuta digitale della Banca Centrale depositata sul tuo smartphone, così puoi acquistare il latte. *Noblesse oblige!*

Il denaro è un sistema di controllo estremamente efficiente. Le persone si regolano in base a incentivi monetari, e quindi il controllo fisico palese, difficile, pericoloso e ad alto consumo di energia non ha bisogno di essere impiegato su larga scala. Ma il sistema di controllo del denaro crolla alla fine di un "super ciclo" monetario, con il collasso della *Velocità della Moneta* (Velocity of Money, o VOM). Questo è un processo pluridecennale.

La velocità è il numero di volte in cui un'unità di valuta viene spesa per acquistare beni e servizi in un periodo di tempo. Questo viene misurato confrontando il valore di tutti i beni e servizi prodotti in un periodo di tempo (Prodotto Interno Lordo, o PIL), con il valore di tutti i contanti e i depositi che possono essere utilizzati quasi con la stessa facilità del contante (Offerta di Moneta).

$$\text{Velocità} = \frac{\text{PIL}}{\text{Offerta di moneta}}$$

Pertanto, Velocità × Offerta di moneta = PIL. Una velocità inferiore si traduce in un PIL inferiore.

Milton Friedman era un economista noto per lo studio della storia monetaria. Nel suo libro "A Monetary History of the United States, 1867-1960"[1]), scritto in collaborazione con Anna Schwartz, troviamo la seguente osservazione:

Sappiamo abbastanza per dimostrare in modo piuttosto conclusivo che ... la velocità [del denaro] deve essere diminuita drasticamente dal 1880 alla prima guerra mondiale ...

Il collasso del VOM è esattamente ciò che si stava verificando a partire dal 19esimo secolo e che portò alla Grande Guerra. Nel giro di pochi anni gli imperi russo, austro-ungarico e ottomano cessarono di esistere, così come la dinastia Qing. L'economia tedesca fu distrutta. Seguirono poi la Grande Depressione, la Seconda Guerra Mondiale e il lento collasso dell'Impero britannico. Nessuna popolazione è rimasta indenne. Non ci sono stati vincitori. Oppure c'erano?

Mentre c'era una diffusa deprivazione, alcuni interessi bancari selezionati hanno acquisito i beni messi a garanzia di migliaia di banche costrette a chiudere, così come di un gran numero di persone e imprese grandi e piccole: gli indebitati. Negli Stati Uniti, l'oro detenuto dal

---

[1] M. Friedman e A. J. Schwartz. *A Monetary history of the United States, 1867-1960*. Princeton University Press, 1963. URL: https://www.worldcat.org/title/697174371.

pubblico è stato confiscato. Ma, cosa ancora più importante, è stato mantenuto uno stretto controllo privato e segreto sulle banche centrali e sulla creazione di moneta, così come il suddetto controllo sulle istituzioni chiave della società, inclusi partiti politici, governi, agenzie di *intelligence*, forze armate, polizia, grandi aziende e media.

Gli eredi di questa posizione di controllo sapevano da molti decenni che un simile crollo del VOM si sarebbe ripetuto. Si stanno preparando. Per loro è un imperativo assoluto mantenere il controllo durante il collasso e il "Grande Reset"; altrimenti rischiano di essere scoperti, indagati e perseguiti. Non lo stanno facendo per noi. Non esiste uno scopo nobile.

Stiamo vivendo una replica di questo fenomeno monetario, vale a dire un profondo declino del VOM, iniziato quando la Velocità ha raggiunto il picco nel 1997. Ciò è coinciso con l'inizio di una grave crisi finanziaria globale, nota come crisi finanziaria asiatica, ed è stata seguita nel giro di pochi anni dalla bolla delle Dot-Com e dal fallimento.

Durante questo periodo, gestivo *hedge fund* azionari long/short e ho sviluppato la consapevolezza che la Federal Reserve stava influenzando la direzione dei mercati finanziari (questa era considerata una teoria del complotto, anche dai miei partner). A quel tempo, ciò veniva effettuato attraverso *operazioni di mercato aperto* condotte dalla Federal Reserve di New York utilizzando accordi di riacquisto su titoli del Tesoro.

Ho iniziato, sistematicamente, a seguire il tasso di crescita di M3, la più ampia misura di moneta dell'epoca (che ora non è più pubblicata). Ho studiato ciò che si stava svolgendo in modo incrementale e ho visto che **nelle singole settimane la nuova moneta creata rappresentava più dell'1% del PIL annuale degli Stati Uniti**. Fu allora che mi resi conto per la prima volta che la Fed stava ottenendo meno "rapporto qualità-prezzo", in quanto il PIL non rispondeva alla creazione di moneta. Ciò significava che la velocità del denaro si stava invertendo e che la crescita della moneta era ora molto più elevata di qualsiasi crescita del PIL. **Il denaro creato non andava nell'economia reale, ma stava alimentando una bolla finanziaria senza alcuna relazione con l'attività economica sottostante**. L'ho capito, non con il senno di poi, ma quasi in tempo reale. Se potevo saperlo, lo sapevano anche Alan Greenspan e le persone per cui lavorava. Allora perché lo hanno fatto? Se qualcosa non ha senso, è necessario cambiare prospettiva e puntare ad una comprensione più ampia. Le crisi non si verificano per caso; vengono

1 Introduzione

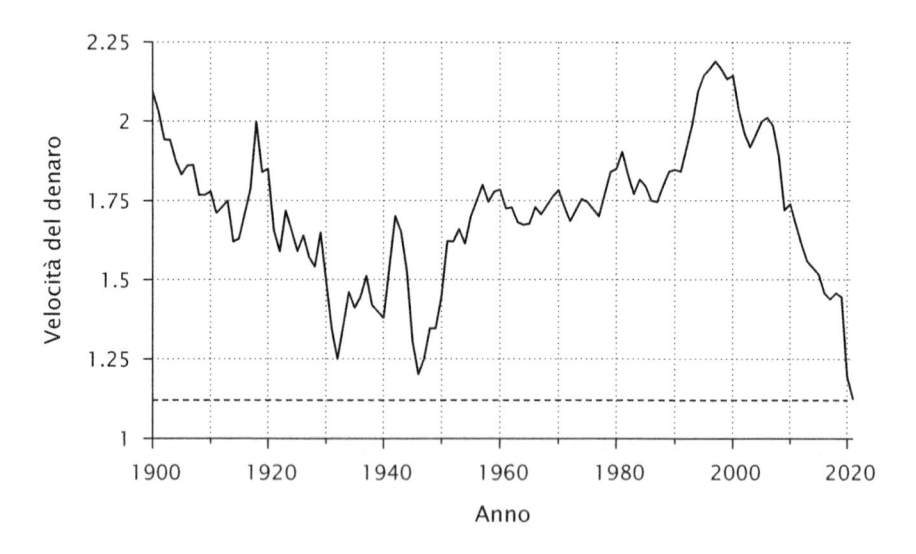

Figura 1.1: Velocità annuale del denaro, dal 1900 al 2021. Fonte: Hoisington Management.

indotte intenzionalmente e utilizzate per consolidare il potere e mettere in atto misure che verranno utilizzate in seguito.

Nel quarto trimestre del 1999, quando la bolla delle *dot-com* stava raggiungendo gli estremi, vidi che l'offerta di moneta veniva aumentata a un tasso annuo superiore al 40%. Capii allora che la velocità del denaro stava crollando. Un tale collasso si verifica quando l'economia non cresce nonostante tassi molto elevati di creazione di moneta.

Si prega di osservare il grafico estremamente importante nella Figura 1.1, preparato da Hoisington Management. Per una volta, si può vedere un vero determinante di fondo del corso della storia.

Il profondo calo del VOM portò al panico finanziario del 1907, che fu utilizzato per giustificare l'istituzione del sistema della *Federal Reserve*. Il Federal Reserve Act fu approvato dal Congresso nei giorni tranquilli prima del Natale del 1913. L'arciduca Ferdinando fu assassinato sei mesi dopo.

Dopo una breve ripresa durante la Grande Guerra, il VOM crollò ulteriormente, portando alla chiusura delle banche e alla confisca dell'oro nel 1933. Il VOM si riprese leggermente durante la Seconda Guerra Mondiale per poi crollare ai minimi storici nel 1946, senza precedenti fino ad ora.

Il VOM si è ora contratto a un livello inferiore rispetto a qualsiasi altro periodo della Grande Depressione e delle guerre mondiali. Una volta esaurita la capacità di produrre crescita stampando moneta, creare più moneta non aiuterà. Sta spingendo su una corda. Il fenomeno è irreversibile. E così, forse l'annuncio del "Grande Reset" è stato motivato non dal "riscaldamento globale" o da profonde intuizioni su una "Quarta Rivoluzione Industriale", ma piuttosto da una certa conoscenza del collasso di questo fenomeno monetario fondamentale, dalle implicazioni di che vanno ben oltre l'economia.

Qualcosa è stato pianificato per noi, ma non per le ragioni che ti sono state fornite. Come potremmo conoscere qualcosa sulle intenzioni dei pianificatori? Magari esaminando che cosa stanno preparando?

Capitolo 2

Dematerializzazione

> Tutta la guerra è basata sull'inganno.
>
> Sun Tsu

Oggi non esistono diritti di proprietà sui titoli detenuti in forma contabile in nessuna giurisdizione, a livello globale. Nel grande piano di confisca di tutte le garanzie, la dematerializzazione dei titoli è stato il primo passo essenziale. La pianificazione e gli sforzi sono iniziati oltre mezzo secolo fa. Che ci fosse un grande scopo strategico dietro la dematerializzazione è dimostrato dal fatto che la missione fu assegnata alla CIA.

Il leader del progetto era William (Bill) Dentzer, Jr., un agente operativo della CIA[1]). Per sua ammissione nelle sue memorie scritte[2]), iniziò la sua carriera lavorando per creare organizzazioni studentesche anticomuniste in Europa con il sostegno della CIA. La CIA aveva disposto il rinvio della sua leva. Fu quindi assegnato specificatamente alla CIA e lavorò lì apertamente per cinque anni. Successivamente fu "trasferito" dalla CIA alla task force che creò l'Agenzia per lo Sviluppo Internazionale (AID). Divenne Assistente Speciale del primo capo dell'AID e, successivamente, Assistente Speciale del Coordinatore statunitense dell'Alleanza per il Progresso, attiva in America Latina. Fu poi nominato segretario esecutivo del Clay Committee, che fece pressioni per gli stanziamenti del Congresso per l'AID. Dopo tre anni come Direttore

---

[1] Wikipedia. *Depository Trust & Clearing Corporation*. 2023. URL: https://en.wikipedia.org/wiki/Depository_Trust_%26_Clearing_Corporation.

[2] S. Dentzer e W. T. Dentzer. *The Greatest Father from a Great Generation*. 2019. URL: https://susan-g-dentzer.medium.com/the-greatest-father-from-a-great-generation-f9ceb3758066.

dell'AID in Perù, è stato nominato Vice Ambasciatore degli Stati Uniti presso l'Organizzazione degli Stati Americani. Dentzer nel suo libro di memorie, afferma:

> *Considerati gli eventi avvenuti negli Stati Uniti alla fine degli anni '60, compresi gli assassinii di Martin Luther King Jr. e Robert Kennedy, i miei interessi avevano cominciato a spostarsi dal fronte internazionale a quello interno.*

Poi, stranamente, anche se non aveva esperienza in alcun aspetto del settore bancario o finanziario, fu nominato sovrintendente delle banche dello Stato di New York da Nelson Rockefeller. Ciò è avvenuto dopo la sua nomina al neo-costituito Consiglio dei consulenti economici dello Stato di New York da parte del suo presidente, ex capo della Banca mondiale, Eugene Black. È interessante notare che il padre di Black era stato presidente della Federal Reserve nel 1933. Due anni dopo aver assunto la carica di sovrintendente della Banca dello Stato di New York, Dentzer fu nominato presidente e amministratore delegato della neonata *Depository Trust Corp.* (DTC), carica che ricoprì. per i seguenti ventidue anni, cioè attraverso l'intero processo di dematerializzazione.

Alla fine degli anni '60, venne formato il Comitato per l'industria bancaria e dei titoli (*Banking and Securities Industry Committee*, BASIC) per trovare una soluzione alla "crisi delle pratiche burocratiche". Sembrava che il peso della gestione dei certificati azionari fisici fosse improvvisamente diventato troppo grande, tanto che la Borsa di New York aveva sospeso le negoziazioni per alcuni giorni. I "legislatori" hanno quindi esortato il governo a intervenire nel processo. Il rapporto BASIC raccomandava di passare dall'elaborazione dei certificati azionari fisici ai trasferimenti di proprietà "contabili" tramite registrazioni computerizzate in una società fiduciaria che avrebbe tenuto "immobilizzati" i certificati sottostanti. Questa società fiduciaria svilupperebbe il computer necessario e altri sistemi. Mi è capitato di incontrare gli ingegneri di rete della DTC quarant'anni fa, nel mio primo lavoro dopo la scuola.

Questa "crisi delle pratiche burocratiche" è stata creata per fornire un imperativo alla dematerializzazione? Si consideri che la DTC non ha iniziato ad operare fino al 1973 e che per molti anni non è stato raggiunto alcun grado significativo di dematerializzazione. Tuttavia, in qualche modo durante questo periodo intermedio, le borse hanno continuato a funzionare, nonostante l'aumento dei volumi degli scambi, senza l'eliminazione dei certificati. Soprattutto con l'aiuto dell'informatizzazione, ciò si poteva fare, ed è stato fatto.

Alla fine la DTC divenne il modello per il Depositario Centrale di Titoli (*Central Securities Depository*, CSD) e la Controparte Centrale di Compensazione (*Central Clearing Counterparty*, CCP), i cui scopi verranno spiegati più avanti.

Capitolo 3

Titolarità dei titoli finanziari

> Non tentare mai di ottenere con la forza ciò che può essere ottenuto con l'inganno.
>
> Niccolò Machiavelli

La più grande sottomissione nella storia del mondo sarà stata resa possibile dall'invenzione di un costrutto; un sotterfugio; una bugia: la "titolarità dei titoli finanziari" ("*Security Entitlement*").

Fin dalla loro nascita, più di quattro secoli fa, gli strumenti finanziari negoziabili sono stati riconosciuti ovunque dalla legge come proprietà personale (forse è per questo che venivano chiamati "titoli"). Potrebbe essere uno shock per te sapere che non è più così.

Per trasmetterti quanto è stato fatto, vorrei iniziare con un'analogia:

Diciamo che hai acquistato un'automobile in contanti. Non avendo debiti nei confronti della proprietà del veicolo, ritieni di possederlo a titolo definitivo. Nonostante ciò, al concessionario di automobili è stato consentito, secondo un concetto legale di recente invenzione, di trattare la tua auto come un suo bene e di usarla come garanzia per prendere in prestito denaro per i propri scopi. Ora il concessionario di automobili è fallito e il tuo veicolo, insieme a tutti gli altri venduti dal concessionario, viene sequestrato da alcuni creditori privilegiati del concessionario, senza che sia necessario alcun controllo giurisdizionale, poiché era stata precedentemente stabilita la certezza del diritto che essi hanno il potere assoluto di prendersi la tua auto in caso di fallimento del concessionario.

Ora, per essere chiari, non sto parlando della tua macchina! Sto illustrando l'orrore e la semplicità della menzogna: sei portato a credere di possedere qualcosa, ma qualcun altro lo controlla segretamente come garanzia. E ora hanno stabilito la certezza giuridica di avere il potere assoluto di prenderselo immediatamente in caso di insolvenza, e non la tua insolvenza, ma l'insolvenza delle persone che hanno segretamente dato loro la tua proprietà come garanzia. Non sembra possibile. Ma questo è esattamente ciò che è stato fatto con tutti gli strumenti finanziari negoziabili, a livello globale! La prova di ciò è assolutamente inconfutabile. Questo è già pronto per partire adesso.

Essenzialmente tutti i titoli "di proprietà" del pubblico in conti di custodia, piani pensionistici e fondi di investimento sono ora vincolati come garanzia collaterale a sostegno del complesso dei derivati, che è così grande – un ordine di grandezza maggiore dell'intera economia globale – che non ce n'è abbastanza di ricchezza al mondo per sostenerlo. L'illusione di una garanzia collaterale è facilitata da una catena di ipoteca e re-ipoteca in cui la stessa garanzia sottostante del cliente viene riutilizzata più volte da una serie di creditori garantiti. E quindi sono questi creditori, che comprendono questo sistema, che hanno chiesto un accesso ancora maggiore ai beni dei clienti come garanzia.

Ora è certo che con l'implosione della "bolla del tutto", le garanzie collaterali verranno spazzate via su vasta scala. L'impianto idraulico per farlo è a posto. È stata stabilita la certezza giuridica che la garanzia può essere prelevata immediatamente e senza controllo giurisdizionale da entità descritte nei documenti giudiziari come "la classe protetta". **Anche gli investitori professionali sofisticati, ai quali è stato assicurato che i loro titoli sono "segregati", non saranno protetti.**

Nel corso di decenni è stata sostenuta un'enorme quantità di sofisticate pianificazioni e implementazioni con lo scopo di sovvertire i diritti di proprietà proprio in questo modo.

È iniziato negli Stati Uniti con la modifica del Codice commerciale uniforme (Uniform Commercial Code - UCC) in tutti i 50 stati. Anche se ciò ha richiesto molti anni di sforzi, è stato possibile realizzarlo in silenzio, senza un atto del Congresso.

Questi sono i fatti salienti:

- La proprietà dei titoli come proprietà è stata sostituita con un nuovo concetto giuridico di "titolarità del titolo" (Security entitlement), che è una pretesa contrattuale che garantisce una posizione molto debole se il fornitore del conto diventa insolvente.

- *Tutti* i titoli sono detenuti **in forma aggregata non segregata**. I titoli utilizzati come garanzia e quelli a cui è vietato tale utilizzo sono detenuti nello stesso pool.
- *Tutti* i titolari di conti, compresi coloro che hanno vietato l'uso dei propri titoli come garanzia, devono, per legge, ricevere solo una quota proporzionale del patrimonio residuo.
- È assolutamente vietata la "rivendicazione", cioè la ripresa dei propri titoli in caso di insolvenza.
- I fornitori di conti possono prendere in prestito legalmente titoli in pool per garantire (collateralizzare) la negoziazione proprietaria e il finanziamento.
- Il "Safe Harbor" (porto sicuro) garantisce ai creditori garantiti un diritto prioritario sui titoli in pool rispetto ai titolari dei conti.
- La pretesa di priorità assoluta dei creditori privilegiati sui titoli dei clienti in pool è stata accolta dai tribunali.

I fornitori di conti sono legalmente autorizzati a "prendere in prestito" titoli in pool, senza restrizioni. Questo si chiama "auto-aiuto". Come vedremo, l'obiettivo è utilizzare tutti i titoli come garanzia.

Ti assicuro che non si tratta di congetture. Sbagliereste di grosso se la liquidi come "teoria del complotto", che è una reazione comune a tanta spiacevolezza. È possibile verificarlo davvero. La documentazione è assolutamente inconfutabile.

Nell'aprile del 2004, il Direttore generale dei mercati interni e dei servizi della Commissione europea ha proposto[1]):

la creazione di un gruppo [sic] di esperti giuridici, quale esercizio specifico inteso ad affrontare i problemi di incertezza giuridica individuati nel contesto dell'esame della via da seguire per la compensazione e il regolamento nell'Unione europea.

Questo è diventato il Gruppo Certezza Legale (*Legal Certainty Group*).

L'incertezza giuridica sembra una cosa negativa, mentre la certezza giuridica sembra una cosa positiva. Tuttavia, l'obiettivo era semplicemente quello di garantire dal punto di vista giuridico che i creditori privilegiati abbiano il potere di prelevare immediatamente i beni dei clienti in caso di fallimento di un custode.

---

[1] European Commission. *EC Mandate pertaining to clearing and settlement*. 2005. URL: https://archive.org/details/ec-legal-certainty-project.

3 Titolarità dei titoli finanziari

Nel marzo del 2006, il vice consigliere generale della *Federal Reserve Bank di New York* ha fornito una risposta dettagliata a un questionario preparato da *The Legal certainty Group*, che chiedeva alla Fed di spiegare esattamente come farlo[2]). Quelli che seguono sono estratti da quella risposta, che è anche inclusa integralmente nell'appendice di questo libro:

> *Domanda (Unione Europea): Rispetto a quale ordinamento giuridico vengono fornite le seguenti risposte?*
>
> *Risposta (Federal Reserve di New York): Questa risposta si limita al diritto commerciale statunitense, principalmente all'articolo 8 … e a parti dell'articolo 9, dell'Uniform Commercial Code ("UCC") … L'oggetto dell'articolo 8 è "Titoli di investimento" e l'oggetto dell'articolo 9 è "Transazioni garantite". Gli articoli 8 e 9 sono stati adottati in tutti gli Stati Uniti.*
>
> *D (UE): Laddove i titoli sono detenuti in forma aggregata (ad esempio una posizione collettiva in titoli, anziché posizioni individuali separate per persona), l'investitore ha diritti connessi a particolari titoli nell'aggregato?*
>
> *R (Fed di New York): No. Il titolare dei diritti sui titoli … ha una quota proporzionale degli interessi nell'attività finanziaria detenuta dal suo intermediario mobiliare … Ciò vale anche se le posizioni degli investitori sono "segregate".*
>
> *D (UE): L'investitore è protetto dall'insolvenza di un intermediario e, se sì, come?*
>
> *R (Fed di New York): … un investitore è sempre vulnerabile nei confronti di un intermediario mobiliare che non ha interessi in un'attività finanziaria sufficienti a coprire tutti i diritti sui titoli che ha creato in quell'attività finanziaria …*
>
> *Se il creditore garantito ha il "controllo" sull'attività finanziaria avrà la priorità rispetto ai titolari dei diritti …*
>
> *Se l'intermediario di valori mobiliari è una società di compensazione, i crediti dei suoi creditori prevalgono su quelli degli aventi diritto.*

---

[2] European Commission. *The New York Federal Reserve's reply to the EU Clearing and Settlement Legal Certainty Group's questionnaire*. 2005. URL: https://archive.org/details/ec-clearing-questionnaire.

D (UE): Quali norme tutelano il cessionario che agisce in buona fede?

R (Fed di New York): L'articolo 8 tutela l'acquirente di un'attività finanziaria dalle pretese del titolare di diritti su un diritto immobiliare su tale attività finanziaria, limitando la capacità del titolare dei diritti di far valere tale pretesa ... In sostanza, a meno che l'acquirente non sia stato coinvolto nell'illecito dell'intermediario di valori mobiliari, al titolare dei diritti non sarà consentito avanzare un reclamo nei suoi confronti.

D (UE): Come vengono gestiti nella pratica i deficit [ovvero la posizione dell'intermediario presso un intermediario di livello superiore è inferiore alla posizione aggregata registrata dei titolari del conto dell'intermediario]?

R (Fed di New York): ... L'unica regola in questi casi è che i titolari dei diritti di sicurezza condividano semplicemente proporzionalmente gli interessi detenuti dall'intermediario di valori mobiliari ... In realtà, le carenze si verificano spesso a causa di fallimenti e per altri motivi, ma non hanno conseguenze generali se non in caso di insolvenza dell'intermediario di valori mobiliari.

D (UE): Il trattamento delle carenze è diverso a seconda che vi sia (i) assenza di colpa da parte dell'intermediario, (ii) colpa, dolo o (iv) colpa, negligenza o simile violazione dei doveri?

R (Fed di New York): Per quanto riguarda l'interesse che i titolari dei diritti hanno sulle attività finanziarie accreditate sul suo conto titoli: indipendentemente da colpa, frode o negligenza dell'intermediario di valori mobiliari, ai sensi dell'articolo 8, il titolare dei diritti ha solo una quota proporzionale nel patrimonio dell'intermediario di valori mobiliari. interesse nell'attività finanziaria in questione.

Funziona così direttamente dalla "bocca del cavallo", cioè dalla fonte più autorevole possibile: gli avvocati che lavorano per la Fed.

Un'ulteriore esposizione dello scopo dell'invenzione del diritto di garanzia può essere trovata in un documento di discussione riguardante la "legislazione sulla certezza giuridica della detenzione e delle disposizioni di titoli", preparato dalla Direzione generale Mercato interno e servizi della Commissione europea nel 2012[3]):

> *Per quanto riguarda i titoli, la norma è sempre stata che un custode debba detenere titoli sufficienti per soddisfare tutte le richieste dei suoi clienti. Nella maggior parte delle giurisdizioni dell'UE, tale standard è garantito conferendo agli investitori diritti di proprietà sui titoli.*
>
> *Alcuni mercati, tuttavia, trattano i titoli come denaro. Gli Stati Uniti e il Canada hanno basato la loro legge sul concetto che gli investitori non possiedono "titoli", ma possiedono invece "diritti su titoli" nei confronti dei loro fornitori di conti.*
>
> *Il vantaggio di questo concetto è il potenziale aumento della quantità di asset disponibili come garanzia, ma i critici lo vedono come una minaccia alla stabilità del sistema, perché gli asset in questione si basano sulla stessa risorsa sottostante.*
>
> *I partecipanti al mercato, i regolatori, le banche centrali e le istituzioni internazionali hanno espresso preoccupazione circa la potenziale carenza di garanzie collaterali ... C'è pressione per ampliare la gamma di titoli idonei come garanzia.*
>
> *A causa della domanda di garanzie, i titoli vengono sempre più considerati dagli operatori di mercato come uno strumento di finanziamento. Queste tendenze rafforzano la tendenza del mercato a trattare i titoli come denaro ... con implicazioni significative per la proprietà.*
>
> *Il rischio di utilizzo non autorizzato dei beni dei clienti aumenta con l'impiego di strutture di conti omnibus. I conti omnibus raggruppano le attività in modo che i singoli titoli non possano essere identificati rispetto a investitori specifici.*
>
> *Funziona bene finché non si verifica un fallimento. In caso di inadempienza del fornitore del conto, un cliente con un semplice credito contrattuale diventa un creditore non garantito, il che significa che i suoi beni sono, di regola, vincolati nella massa fallimentare ed è obbligato ad allinearsi con tutti gli altri creditori non garantiti per ricevere i suoi beni Indietro. ...*

---

[3] European Commission. *Sixth Meeting of the Member States Working Group/10th Discussion Paper of the Services of the Directorate-General Internal market and Services.* 2012. URL: https://archive.org/details/eu-commission-securities-10th-discussion-paper.

Il [riutilizzo] di garanzie reali comporta un rischio maggiore per il sistema finanziario perché più controparti possono competere per la stessa garanzia in caso di default (i cosiddetti "concorsi di priorità").

Chiaramente, la Direzione Generale del Mercato Interno e dei Servizi dell'Unione Europea, sapeva perfettamente quanto sopra nel 2012.

Nel prossimo panico finanziario globale, quali sono le possibilità che rimanga qualcosa in questi pool di titoli dopo che i creditori garantiti si saranno avvantaggiati?

Ci sarà il gioco delle sedie musicali. Quando la musica si fermerà, non avrai posto. È progettato per funzionare in questo modo.

È il momento di chiedersi: *cui bono*? Chi ne trae vantaggio? Non sono certamente i cittadini, che hanno perso i loro diritti di proprietà, ad essere stati traditi in questo inganno dai loro stessi governi.

La ragione addotta per questa legislazione sulla certezza del diritto è la "richiesta di garanzie" da parte dei "partecipanti al mercato". Non si riferiscono a te e a me o al pubblico. "Partecipanti al mercato" è un eufemismo per indicare **i potenti creditori che controllano i governi**. Gente che ha lavorato per molti anni per stabilire la loro certezza giuridica in tutto il mondo.

Capitolo 4

Armonizzazione

> Coloro che sono abili nel far muovere il nemico
> lo fanno creando una situazione alla quale deve
> conformarsi; lo attirano con qualcosa che lui
> è certo di prendere, e con le lusinghe di un
> apparente profitto lo aspettano in forze.
>
> Sun Tsu

Qual'era lo scopo di una finanziarizzazione apparentemente fuori controllo? Hanno utilizzato la minaccia di un collasso finanziario e la promessa di continui profitti finanziari per radunare le nazioni.

È stato creato l'imperativo che ad alcuni creditori garantiti debbano essere riconosciuti legalmente determinati diritti sui beni dei clienti, a livello globale, senza eccezioni, con l'ulteriore garanzia di una mobilità transfrontaliera quasi istantanea del controllo legale di tali garanzie. La spinta globale verso la conformità al modello statunitense per raggiungere tale certezza giuridica e mobilità è iniziata seriamente più di vent'anni fa, all'indomani del crollo delle dot-com. Come giustificazione sono state utilizzate l'instabilità finanziaria e la minaccia di "carenza di garanzie collaterali". Sono stati sostenuti sforzi deliberati, a livello globale, per molti anni. Le persone venivano pagate per farlo, per tradire gli interessi vitali del proprio popolo. Ciò è stato fatto prima negli Stati Uniti, e poi è stato richiesto a livello globale sotto il nome di "armonizzazione"; forse l'enfasi dovrebbe essere sul "danno".

La "Convenzione dell'Aia sulla legge applicabile a determinati diritti relativi a titoli detenuti presso un intermediario"[1]) è stata redatta nel

---

[1] Anonymous. *36. Convention of 5 July 2006 on the Law Applicable to Certain Rights in Respect of Securities held with an Intermediary.* 2006. URL: https://www.hcch.net/

2002 e firmata nel 2006. Si tratta di un trattato multilaterale internazionale inteso a rimuovere, a livello globale, le incertezze giuridiche per le transazioni transfrontaliere su titoli.

La Convenzione ha introdotto una nuova norma di conflitto di leggi da applicare alle transazioni su titoli, in particolare alle operazioni collaterali, vale a dire l'approccio al "Luogo dell'Intermediario Rilevante" (*"Place of the Relevant Intermediary Approach"*, o PRIMA). Ciò è stato concepito per evitare problematiche normative nazionali, che potrebbero consentire ai proprietari di recuperare i propri beni presi in garanzia da un creditore, fissando il posto della legge negli accordi contabili con gli intermediari.

Una delle persone più coinvolte fu James S. Rogers (forse un mio lontano cugino), che, secondo la sua biografia[2]),

> *è stato uno dei delegati degli Stati Uniti al progetto della Conferenza dell'Aia sul diritto internazionale privato per negoziare e redigere una Convenzione sulla scelta della legge per la detenzione di titoli tramite intermediari finanziari e come membro del gruppo di redazione di tale Convenzione.*

È interessante notare che Rogers nota anche di aver

> *servito come relatore (redattore principale) per il comitato di redazione per la revisione dell'articolo 8 del CDU, che ha stabilito un nuovo quadro giuridico per il moderno sistema di detenzione elettronica di titoli in forma scritturale tramite depositari centrali e altri intermediari.*

Pochissime persone sono state coinvolte nella stesura delle revisioni del 1994 degli articoli 8 e 9 dell'UCC. Un rapporto del *Financial Markets Law Committee* (un "ente di beneficenza" affiliato alla Banca d'Inghilterra) contiene questa citazione illuminante[3]):

---

en/instruments/conventions/full-text/?cid=72.

[2] J. S. Rogers. *James S. Rogers' biography at Boston College*. 2023. URL: https://www.bc.edu/bc-web/schools/law/academics-faculty/faculty-directory/james-rogers.html.

[3] Financial Markets Law Committee. *Report on research into the 1994 revisions to Article 8 of the Uniform Commercial Code*. 2018. URL: https://fmlc.org/wp-content/uploads/2018/02/Issue-3-Background-paper-on-Article-8-of-the-Uniform-Commercial-Code.pdf.

4 Armonizzazione

> *Il professor Rogers, relatore al comitato di redazione della revisione dell'articolo 8 del 1994, ricorda come "all'inizio della revisione dell'articolo 8 si sarebbe probabilmente potuto contare su una mano – con poche dita inutilizzate – il numero di persone tra quelle nominate nel Comitato di redazione dell'articolo 8, o tra i membri a pieno titolo delle organizzazioni sponsorizzatrici che alla fine avrebbero dovuto approvare il lavoro del Comitato di redazione, che avessero familiarità con il vecchio articolo 8 [versione del 1978] o con il moderno sistema di detenzione di titoli".*

Se il professor Rogers era un dito, il professor Egon Guttman era l'altro. In qualità di autore di *"Modern Securities Transfers"*[4], è stato il massimo esperto di trasferimenti di titoli e transazioni garantite ai sensi degli articoli 8 e 9 dell'UCC. Il professor Guttman è morto nel 2021 e quindi le descrizioni delle sue attività stanno scomparendo. Ma ho conservato riferimenti al suo lavoro risalenti al 2012 *(Questa citazione è stata presa all'epoca dalla pagina del profilo della facoltà del Prof. Guttman presso l'American University. La pagina esiste ancora, ma da allora il suo contenuto è stato rimosso)*:

> *Il professor Guttman è stato coinvolto nella revisione di vari articoli dell'Uniform Commercial Code e, come membro dei gruppi di lavoro del Dipartimento di Stato americano, nella stesura di convenzioni relative alle transazioni commerciali internazionali.*

E così, l'armonizzazione di questo regime che dà il controllo a livello globale a un gruppo selezionato di creditori garantiti è stata promossa dai livelli più alti del governo degli Stati Uniti. Il Dipartimento di Stato è stato il primo braccio amministrativo del ramo esecutivo degli Stati Uniti, con Thomas Jefferson che ne è diventato il primo Segretario di Stato nel 1789. È il principale potere esecutivo a livello globale.

Dopo anni di sforzi, la Convenzione dell'Aia sui valori mobiliari è stata firmata solo da Stati Uniti, Svizzera e Mauritius. L'UE non ha firmato la Convenzione a causa dell'identificazione di una normativa europea problematica, che garantiva i diritti di proprietà ai proprietari di titoli in alcune giurisdizioni. L'Europa ha l'antico principio giuridico della *lex rei sitae* (la legge in cui è situata la proprietà) e non potrebbe

---

[4] E. Guttmann. *Modern Securities Transfers*. Warren, Gorham & Lamont, 1987. URL: https://www.worldcat.org/title/15743736.

facilmente accettare la soluzione alternativa del "Place of the Relevant Intermediary Approach" (o PRIMA), inventato nella Convenzione dell'Aia sui valori mobiliari.

Tuttavia, l'obiettivo manifesto di fornire certezza giuridica ai creditori non era in discussione ed era chiaramente accettato dalle autorità dell'UE, come evidenziato dalla Direttiva 2002/47/CE del Parlamento Europeo e del Consiglio del 6 giugno 2002 sui contratti di garanzia finanziaria[5]). Questo documento, pubblicato più o meno contemporaneamente alla stesura della Convenzione dell'Aia sui valori mobiliari, contiene le seguenti affermazioni:

> *Al fine di migliorare la certezza giuridica dei contratti di garanzia finanziaria, gli Stati membri dovrebbero garantire che alcune disposizioni del diritto fallimentare non si applichino a tali contratti, in particolare quelle che impedirebbero l'effettiva realizzazione della garanzia finanziaria ...*
>
> *Il principio della direttiva 98/26 CE, secondo cui la legge applicabile ai titoli scritturali forniti come garanzia è quella della giurisdizione in cui è situato il registro, il conto o il sistema di deposito centralizzato pertinente, dovrebbe essere esteso al fine di creare certezza giuridica riguardo all'uso di tali titoli detenuti in un contesto transfrontaliero e utilizzati come garanzia finanziaria nell'ambito della presente direttiva.*

L'obiettivo della certezza del diritto per i creditori doveva essere perseguito con altri mezzi. Laddove non potevano cambiare facilmente la problematica legge locale in cui gli investitori avevano diritti di proprietà sui titoli, si sono strutturati attorno ad essa. Questo è ciò per cui vengono pagati avvocati, banchieri d'investimento e, a quanto pare, funzionari governativi.

Euroclear è uno dei due depositari centrali internazionali di titoli europei (*International Central Security Depositories* - ICSD), l'altro è **Clearstream**. L'ufficio di Bruxelles della Morgan Guaranty Trust Company di New York (Morgan Guaranty) ha fondato il sistema Euroclear nel dicembre 1968. Morgan Guaranty ha iniziato ad operare come JP Morgan nel 1988.

---

[5] European Commission. *Directive 2002/47/EC of the European Parliament and of the Council of 6 June 2002 on financial collateral arrangements*. 2002. URL: http://data.europa.eu/eli/dir/2002/47/oj.

Nel 2004, il vice consigliere generale di Euroclear, Diego Devos, ha inviato un memorandum contenente "Informazioni preparatorie sull'armonizzazione giuridica europea" alla "DG Mercato interno"[6]. Ecco alcuni estratti:

> *Questa nota descrive le raccomandazioni di Euroclear in merito agli ostacoli giuridici che dovrebbero essere affrontati come questioni prioritarie dal gruppo di lavoro giuridico che la Commissione intende istituire come seguito alla sua comunicazione sulla compensazione e il regolamento nell'Unione europea del 28 aprile. 2004...*
>
> *In particolare, identifichiamo le questioni che complicano e impediscono la piena attuazione delle principali iniziative che il mercato sta intraprendendo sul consolidamento e l'armonizzazione delle piattaforme. ...*
>
> *Raccomandato ... Rimozione o modifica dei requisiti che non riconoscono la struttura holding multistrato che costituisce la norma nelle attività transfrontaliere, tra cui:*
>
> - *riconoscimento nell'UE della detenzione congiunta di attività registrate attraverso una struttura di fiduciario (e la diversa natura della proprietà legale e effettiva) al fine di mantenere i titoli nominativi su base fungibile a livello locale e protezione dei diritti del fiduciario;*
> - *eliminazione o modifica dei requisiti che richiedono direttamente o effettivamente la tenuta di registri o conti individuali per titolare effettivo...*
>
> *Raccomandato ... Eliminare gli ostacoli al libero utilizzo delle garanzie transfrontaliere...*

Diego Devos è stato nominato Consigliere generale della Banca dei regolamenti internazionali (BRI) nel 2009.

Come osservato nel capitolo precedente, nell'aprile del 2004, il direttore generale dei mercati e dei servizi interni della Commissione europea ha proposto di istituire un "gruppo di esperti giuridici, come esercizio specifico inteso ad affrontare i problemi di incertezza giuridi-

---

[6] Diego Devos. *Euroclear Memorandum on Preparatory Information Regarding European Legal Harmonisation*. 2004. URL: https://archive.org/details/euroclear-memorandum.

ca individuati nel contesto della considerazione del modo in cui avanti per la compensazione e il regolamento nell'Unione europea".

Ci sono voluti dieci anni di connivenza, ma nel 2014 la via da seguire è stata assicurata con il regolamento sul deposito centrale dei titoli (*Central Securities Depository Regulation* - CSDR).

Avevo organizzato un intervento a una conferenza sugli *hedge fund* a Zurigo nel gennaio 2014 per mettere in guardia i "professionisti" sull'indebolimento dei diritti di proprietà sui titoli e sulle sue implicazioni. Ho pensato che forse la situazione in Europa poteva essere invertita. Che tu ci creda o no, questo era in gran parte il motivo per cui mi sono trasferito in Europa. Prima della conferenza, avevo inviato e-mail personali con lo schema dei miei punti a tutti i partecipanti. Mentre parlavo, sotto la forte luce dello schermo di proiezione, potevo vedere che gli occhi delle persone nella stanza erano larghi come piattini. Quando ebbi finito, ci fu un silenzio completo. Nella pausa caffè che seguì, chiesi alle persone cosa avessero pensato di ciò che avevo detto. Ho chiesto se capivano cosa stavo spiegando. Una persona ha semplicemente risposto: "Oh, sì". Gli ho chiesto cosa avrebbe fatto al riguardo. Ha semplicemente detto: "Niente". Gli ho chiesto perché non avrebbe fatto nulla. La sua risposta è stata: "I miei clienti non si preoccupano di questo". Ho detto: "A loro non importa, perché non lo sanno".

Sei mesi dopo, il regolamento sul deposito centrale di titoli (*Central Securities Depository Regulation* – CSDR) è stato recepito dalla direttiva UE n. 909/2014[7]).

Un deposito centrale di titoli (*Central Security Depository* – CSD) gestisce un sistema di registrazione contabile per il regolamento elettronico delle operazioni e mantiene un registro della "proprietà". Un deposito centrale internazionale di titoli (*International Central Security Depository* – ICSD) è collegato ai CSD nazionali e gestisce il prestito di

---

[7] Regolamento (UE) n. 909/2014 del Parlamento europeo e del Consiglio, del 23 luglio 2014, relativo al miglioramento del regolamento titoli nell'Unione europea e ai depositari centrali di titoli e recante modifica delle direttive 98/26/CE e 2014/65/UE e del regolamento (UE) n. 236/2012 Testo rilevante ai fini del SEE (European Union. *Regulation (EU) No 909/2014 of the European Parliament and of the Council of 23 July 2014 on improving securities settlement in the European Union and on central securities depositories and amending Directives 98/26/EC and 2014/65/EU and Regulation (EU) No 236/2012.* 2014. URL: https://eur-lex.europa.eu/legal-content/EN/TXT/?uri=CELEX:32014R0909)

titoli e la gestione delle garanzie. Come osservato dall'Autorità europea degli strumenti finanziari e dei mercati[8]):

La CSDR svolge un ruolo fondamentale per gli sforzi di armonizzazione post-negoziazione in Europa, poiché migliora le condizioni legali e operative per i regolamenti transfrontalieri nell'UE.

L'obiettivo auspicato della mobilità transfrontaliera delle garanzie è stato così raggiunto. Come è stato progettato?

La CSDR prevede collegamenti tra CSD. I CSD nazionali, che detengono il record di proprietà, sono collegati ai depositari centrali internazionali di titoli; sono così consentiti il trasferimento della titolarità giuridica delle garanzie reali del cliente dal CSD nazionale all'ICSD e l'utilizzo delle garanzie reali del cliente. Il cliente ha la "proprietà" nel sistema di registrazione contabile del CSD nazionale, mentre la garanzia è detenuta in forma aggregata a livello ICSD. Ciò consente i "servizi transfrontalieri", ovvero l'utilizzo delle garanzie del cliente. Questo è essenzialmente il modello statunitense, in cui tutti i custodi hanno conti presso DTC, che detiene tutti i titoli in forma condivisa. Il DTC funziona come un ICSD.

Vedremo come ciò ha funzionato esaminando specificamente Euroclear e gli sviluppi in Finlandia e Svezia.

Un tempo, la Finlandia e la Svezia disponevano di sistemi giuridici e registri nazionali di proprietà dei titoli, che assicuravano ai proprietari che **i loro titoli non potevano essere utilizzati come garanzia senza un accordo esplicito.** Era stato possibile possedere e detenere titoli di Stato svedesi, ad esempio, con l'assoluta certezza che non sarebbero andati perduti in caso di insolvenza di un custode. **Nel 2006, il gruppo per la Certezza Legale ha identificato Svezia e Finlandia come paesi con leggi problematiche.**

Nel 2008, Euroclear è stata autorizzata ad acquisire il 100% di Nordic Central Security Depository (NCSD), che possedeva rispettivamente i depositari centrali di titoli di Finlandia e Svezia, Suomen Arvopaperikeskus Oy (APK) e VPC AB (VPC). Si tratta ora di CSD locali collegati a Euroclear Bank SA/NV che opera come ICSD ai sensi della legge belga.

---

[8] European Securities and Markets Authority. *The Distributed Ledger Technology Applied to Securities Markets (Report).* 2016. URL: https://www.esma.europa.eu/sites/default/files/library/dlt_report_-_esma50-1121423017-285.pdf.

La CSDR impone al fornitore del conto di rendere pubblici i livelli di protezione e i costi associati ai diversi livelli di *segregazione* dei conti titoli presso i depositari centrali di titoli. Skandinaviska Enskilda Banken AB (SEB) effettua tale divulgazione in relazione ai depositari centrali di titoli in Svezia, Danimarca, Finlandia, Norvegia, Euroclear Bank SA/NV e Clearstream Banking SA[9]). Ecco gli scioccanti passaggi chiave di quella divulgazione:

> *Nell'improbabile eventualità di una carenza di titoli, il cliente in questione non potrà far valere il diritto di separazione (segregazione) ma sarà probabilmente considerato creditore non garantito senza priorità sul patrimonio della massa fallimentare.*
>
> *Nel caso dei titoli detenuti presso Euroclear Bank SA/NV la legge belga (il regio decreto n. 62) applica disposizioni che seguono il principio [sic] che tutti i titoli depositati dai partecipanti a Euroclear Bank SA/NV (ossia SEB) presso Euroclear Bank SA/NV sono depositati su base fungibile. In forza del Regio Decreto, ai partecipanti a Euroclear Bank SA/NV è stato conferito per legge un diritto di comproprietà di carattere immateriale su un pool di titoli dematerializzati della stessa categoria detenuti da Euroclear Bank SA/NV per conto di tutti I partecipanti a Euroclear Bank SA/NV che hanno depositato titoli della stessa categoria. Il suddetto decreto prevede una clausola di loss sharing per i clienti sottostanti di un partecipante a Euroclear Bank SA/NV nel caso in cui tale partecipante a Euroclear Bank SA/NV diventi inadempiente. Inoltre, la legge belga conferisce alla Banca nazionale del Belgio un privilegio sui titoli di proprietà di Euroclear Bank SA/NV per coprire, ad esempio, una situazione in cui i titoli detenuti da Euroclear Bank SA/NV presso un depositario per conto dei suoi partecipanti non sono sufficienti a coprire il possesso effettivo di tali titoli da parte dei partecipanti.*

Pertanto, in un periodo di sei anni, i diritti di proprietà sui titoli in Svezia e Finlandia furono deliberatamente sovvertiti. **Questi paesi sono passati dall'avere i più forti diritti di proprietà sui titoli a non avere alcun diritto di proprietà sui titoli al di là di un'apparenza artificiale di proprietà.**

---

[9] Skandinaviska Enskilda Banken AB. *CSDR - Legal disclosure.* 2023. URL: `https://sebgroup.com/legal-and-regulatory-information/legal-notice/csdr`.

4 Armonizzazione 25

Nel 2014, in concomitanza con la direttiva UE sui depositari centrali di titoli, sono state apportate modifiche scioccanti alla legge svedese. Pochissimi lo sanno, a parte le persone che ci sono passate.

L'ho rintracciato attraverso un riferimento criptico in un documento Euroclear, "Termini e condizioni generali per operazioni di conto e compensazione"[10]). Sepolto lì, a pagina 38, c'è il seguente indizio:

14.2 DIRITTO VIGENTE RELATIVO ALLA CESSIONE DI CONTI VPC E STRUMENTI FINANZIARI REGISTRATI IN UN CONTO VPC

Le effettive conseguenze delle cessioni relative ai conti VPC e agli strumenti finanziari registrati nei conti VPC sono regolate dalle disposizioni del capitolo 6 della LKF.

Questa citazione si riferisce alla legge svedese sui depositari centrali di titoli e sulla contabilità degli strumenti finanziari[11]) om värdepapperscentraler och kontoföring av finansiella instrument [La legge sui depositari centrali e sulla contabilità degli strumenti finanziari]. Il capitolo 6 di questa legge è intitolato, in traduzione, "Effetto giuridico della registrazione, presunzione di proprietà". Sepolta in fondo a questo capitolo si trova l'ulteriore direttiva:

Disposizioni speciali sulla garanzia di strumenti finanziari si trovano nella legge (1991:980) sulla negoziazione di strumenti finanziari.
[Särskilda bestämmelser om pantsättning av finansiella instrument finns i lagen (1991:980) om handel med finansiella instrument.]

All'interno della legge (1991:980), il capitolo 3 è intitolato "Disposizione di strumenti finanziari appartenenti a qualcun altro" [Förfoganden över finansiella instrument som finollhör någon annan].

Adesso ci stiamo riscaldando!

Il primo comma recita che "La disposizione prevista deve essere specificata attentamente". Sembra una buona cosa, ma prosegue affermando quanto segue:

---

[10] Euroclear Sweden. *General Terms and Conditions Account Operations and Clearing.* 0. URL: https://www.euroclear.com/dam/ESw/Legal/General%20Terms%20and%20Conditions%2020220202.pdf.

[11] Sveriges Riksdag. *Lag (1998:1479) om värdepapperscentraler och kontoföring av finansiella instrument [act on central security depositories and accounting for financial instruments].* 1998. URL: https://www.riksdagen.se/sv/dokument-och-lagar/dokument/svensk-forfattningssamling/lag-19981479-om-vardepapperscentraler-och_sfs-1998-1479/.

Il primo paragrafo non si applica se la controparte della società o le parti di un accordo a cui partecipa la società è un'altra società sottoposta alla supervisione dell'Autorità di vigilanza finanziaria o una società straniera all'interno del SEE a cui è consentito svolgere attività comparabili nel suo paese d'origine e che sia sotto la supervisione rassicurante di un'autorità o altro organismo competente.

Ciò conferisce al CSD locale autorità legale e ampia libertà di trasferire il controllo legale delle attività dei clienti come garanzia all'ICSD **senza la conoscenza o l'approvazione da parte del titolare del conto.**

L'attuazione di questo è ora così completa che un cittadino svedese non può detenere titoli di stato svedesi in Svezia come sua proprietà senza esporsi all'insolvenza del fornitore del conto, del CSD locale o dell'ICSD. I titoli dei cittadini svedesi sono certamente messi in comune con i titoli utilizzati come garanzia altrove.

Sono venuto in Svezia nel 2009 per poter detenere titoli di stato svedesi in Svezia con reali diritti di proprietà. Ho potuto farlo utilizzando un *VP konto* (conto) presso Handelsbanken. Tuttavia, a seguito delle modifiche legali apportate nel 2014, Handelsbanken ha interrotto completamente la struttura del conto VP e ha offerto ai clienti solo *conti di deposito*.

La SEB ha inoltre interrotto la sua struttura di lunga data *VP konto*, che assicurava la proprietà diretta di titoli specifici, ma ha poi introdotto qualcosa chiamato *Service VP konto*, che è detenuto presso il CSD locale, Euroclear Sweden. Ho chiamato SEB per questo e mi è stato detto che uno specialista di *VP Konto* mi avrebbe chiamato. Quando ho ricevuto la chiamata ho posto due semplici domande:

1. I titoli detenuti in un *Service VP konto* sono specificatamente identificati sotto il nome del titolare del conto?
2. I titoli detenuti in un *Service VP konto* possono essere rivendicati in caso di fallimento della SEB o di Euroclear?

Lo specialista del *VP Konto* mi ha messo in attesa a lungo mentre esaminava le mie domande. Quando è tornato, la sua risposta è stata semplicemente che, anche se poteva esserci un piccolo rischio di fallimento di Euroclear, il conto era assicurato per 250.000 corone. Confermò che la detenzione di titoli presso Euroclear era la modifica apportata con la nuova struttura del conto *Service VP* e confermò che con la nuova struttura esiste il rischio di perdita di titoli. Sembrava scioccato anche lui di averlo appreso.

Nel 2011 un amico che era stato segretario di Stato nel governo svedese mi organizzò un incontro con il ministro e il segretario di Stato per i mercati finanziari. Ero così commosso quando ho ricevuto l'e-mail che mi informava di questo, che mi sono venute le lacrime agli occhi; mi ha fatto sperare che in Svezia fosse possibile fare la differenza, e quindi invertire la tendenza da qualche parte. Sarò loro sempre grato per quell'incontro; una cosa del genere non sarebbe mai stata permessa nella mia terra natale. Mi hanno ascoltato riguardo alle implicazioni del conformarsi al modello statunitense e non furono in disaccordo. Dissero che sarebbe stato possibile evitarlo se anche i tedeschi si fossero opposti, con la conseguenza che la piccola Svezia non poteva farcela da sola.

Il colosso continua la sua corsa. Siamo tutti sul suo cammino.

Capitolo 5

Gestione delle garanzie

> Le persone dovrebbero essere accarezzate o schiacciate. Se fai loro un danno minore, si vendicheranno; ma se li paralizzi non possono fare nulla. Se devi ferire qualcuno, fallo in modo tale da non dover temere la sua vendetta.
>
> Niccolò Machiavelli

Associata all'imperativo che ad alcuni creditori garantiti venga data certezza giuridica sui beni dei clienti, a livello globale, senza eccezioni, c'è l'ulteriore garanzia di una mobilità transfrontaliera quasi istantanea del controllo legale di tali garanzie.

I derivati sono contratti finanziari su tutto ciò che è immaginabile e persino inimmaginabile per la maggior parte di noi. Possono essere modellati su cose reali, ma non sono le cose reali stesse. Sono slegati dalla realtà fisica... ma possono essere usati per prendere le cose reali come garanzia.

Come vedremo, l'obiettivo è utilizzare tutti i titoli come garanzia e quindi avere i mezzi pratici reali per prendere tutti i titoli come garanzia. Sono stati implementati sistemi completi di "gestione del collaterale", che assicurano il trasporto transfrontaliero di tutti i titoli attraverso il collegamento obbligatorio dei CSD agli ICSD e alle CCP, dove si concentra il rischio dell'intero complesso dei derivati. La presunta "domanda" per questa enorme impresa non è guidata dalle vere forze di mercato, ma da **espedienti normativi.**

Un rapporto pubblicato nel 2013 dal Comitato sul sistema finanziario globale presso la Banca dei Regolamenti Internazionali intitolato *"Asset encumbrance, financial reform and the demand for collateral asset"*[1])

---

[1] Bank for International Settlements. *Asset encumbrance, financial reform and the*

5 Gestione delle garanzie

afferma quanto segue:

Anche le riforme normative e lo spostamento verso la compensazione centralizzata delle transazioni in derivati aumenteranno la domanda di attività collaterali. Ma non vi è alcuna prova o aspettativa di una scarsità duratura o diffusa di tali asset nei mercati finanziari globali.

Un altro rapporto dello stesso comitato, intitolato "Sviluppi nei servizi di gestione delle garanzie"[2]), afferma (a pagina 16):

... alcuni cambiamenti che potrebbero aumentare la domanda di garanzie collaterali non sono stati ancora introdotti gradualmente, poiché le giurisdizioni operano con tempistiche diverse per quanto riguarda la compensazione centrale obbligatoria e i requisiti di margine per le operazioni non compensate a livello centrale. Numerosi partecipanti al mercato hanno notato che l'implementazione dei requisiti obbligatori di compensazione non è ancora avanzata al punto in cui tali partecipanti al mercato stanno riscontrando **carenze di garanzie prontamente disponibili** *per impegnare...*

e inoltre (a pagina i):

Motivati dai previsti aumenti della domanda di garanzie derivanti da cambiamenti normativi... i fornitori di servizi di gestione delle garanzie stanno evolvendo le loro offerte di servizi nel tentativo di migliorare l'efficienza e consentire ai partecipanti al mercato di soddisfare le richieste di garanzie **con titoli esistenti e disponibili.**

Pertanto, anche se non vi era alcuna prova di scarsità di garanzie collaterali e gli operatori di mercato non stavano sperimentando carenze, la "domanda di attività collaterali" veniva creata artificialmente e intensificata dalla regolamentazione. Non è stata assolutamente guidata dal mercato.

Ciò è stato progettato ed eseguito deliberatamente per trasferire il controllo delle garanzie ai maggiori creditori garantiti dietro il complesso dei derivati. Questo è il sotterfugio, la fine del gioco di tutto.

Alle pagine 8-11, il citato rapporto (vedi nota 19) espone gli obiettivi di questi sistemi di gestione delle garanzie, fornendo un'ulteriore

---

demand for collateral assets. 2013. URL: https://www.bis.org/publ/cgfs49.pdf.

[2] Bank for International Settlements. *Developments in collateral management services*. 2014. URL: https://www.bis.org/cpmi/publ/d119.pdf.

conferma che è il collegamento tra CSD e ICSD a garantire la mobilità transfrontaliera delle garanzie dal "datore di garanzia" al "prenditore del collaterale" (sì, usano davvero esplicitamente questi termini):

> *In primo luogo, molti dei più grandi istituti di custodia hanno implementato, o hanno intenzione di implementare, una piattaforma di custodia di natura globale. Si tratterà di un unico sistema o di un insieme di sistemi connessi che consentiranno al cliente una visione unica di tutte le garanzie disponibili detenute dal depositario, indipendentemente dalla loro ubicazione. ...*
>
> *L'obiettivo finale desiderato di tutti questi sforzi è quello di avvicinarsi il più possibile ad un'unica visione di tutti i titoli disponibili, indipendentemente da dove sono detenuti, in tempo reale. Questa aggregazione delle informazioni sull'offerta è un prerequisito necessario per l'efficiente impiego dei titoli disponibili per soddisfare gli obblighi collaterali. ...*
>
> *Gli ICSD consentono ai loro partecipanti di ottenere la visura aggregata sulla totalità dei titoli [sic] detenuti da quest'ultimo presso l'ICSD, compresi i titoli detenuti dai partecipanti all'ICSD tramite accordi di collegamento.*

Il rapporto illustra le relazioni tra l'ICSD e i suoi partecipanti in un diagramma, che è riportato di seguito come Figura 5.1 a pagina 33.

Il testo continua:

> *Il diagramma 5 [Figura 5.1] illustra i servizi disponibili presso gli ICSD, in base ai quali un cliente (datore di garanzia) partecipa all'ICSD e detiene i suoi titoli nell'ICSD, anche tramite accordi di collegamento tra l'ICSD e i CSD locali. L'ICSD, in quanto CMSP [Collateral Management Service Provider], avendo stabilito collegamenti diretti o indiretti (vale a dire tramite un custode partecipante al CSD locale) con i CSD locali, dispone di informazioni e può accedere alla totalità dei titoli di un partecipante ai fini della gestione delle garanzie.*

A questo punto il rapporto chiarisce in una nota:

> *La totalità dei titoli di un partecipante comprende i titoli del partecipante che sono stati emessi e detenuti presso l'ICSD e i titoli del partecipante che sono stati emessi e detenuti, tramite accordi di collegamento ICSD, presso un CSD collegato.*

5 Gestione delle garanzie

Il rapporto passa poi al ruolo dei "collateral takers" (prenditori dei collaterali):

> *Anche i beneficiari della garanzia partecipano all'ICSD. Sia il datore della garanzia che i beneficiari della garanzia forniscono informazioni all'ICSD in qualità di CMSP in merito alle obbligazioni collaterali. Con queste informazioni, l'ICSD esegue il suo processo di ottimizzazione e può generare automaticamente istruzioni di allocazione delle garanzie per i datori/prendenti delle garanzie in base ai risultati ... l'ICSD elaborerà anche il movimento dei titoli sui libri contabili dell'ICSD, poiché le controparti incluse nell'ottimizzazione e il processo di allocazione partecipano all'ICSD. Se il datore della garanzia non dispone di titoli sufficienti nell'ambiente ICSD, può procurarsi la garanzia ... trasferendo titoli dal proprio conto presso il CSD collegato al proprio conto titoli nell'ICSD con un regolamento senza pagamento (FoP) che avviene in il CSD collegato.*

Si noti che il trasferimento dei beni delle persone deve essere effettuato gratuitamente (FoP)! Intendevano non solo "libera mobilità delle garanzie", ma, letteralmente, "gratuite garanzie". Che carino!

Attraverso la trasformazione delle garanzie, l'obiettivo è utilizzare tutti i titoli come garanzia [nota 19, p. 15]:

> *Poiché le dinamiche della domanda e dell'offerta di garanzie continuano ad evolversi, è possibile che gli sforzi volti a utilizzare in modo più efficiente le garanzie esistenti non siano sufficienti a soddisfare pienamente le obbligazioni individuali. In tal caso, alcuni partecipanti al mercato potrebbero dover scambiare titoli disponibili, ma non idonei, con altri titoli che soddisfano i criteri di idoneità al fine di adempiere ai propri obblighi di garanzia. L'intraprendere transazioni per raggiungere questo risultato è stata definita "trasformazione collaterale".*

La trasformazione della garanzia collaterale è semplicemente l'impegno di tutti i tipi di attività del cliente nell'ambito di contratti *swap*, che finiscono nel complesso dei derivati. Ciò viene fatto all'insaputa dei clienti, che sono stati portati a credere di possedere in modo sicuro questi titoli, e non ha alcuno scopo vantaggioso per questi clienti.

Ed eccolo qui! Ecco l'invio automatizzato, a livello di mercato, di garanzie alle CCP e alle banche centrali in un momento di stress del mercato [nota 19, p. 19]:

> *In periodi di stress del mercato, la rapida implementazione dei titoli disponibili può essere cruciale per mitigare le problematiche sistemiche. Ad esempio, con una migliore visibilità dei titoli disponibili e un migliore accesso agli stessi, le imprese potrebbero essere in una posizione migliore per utilizzare rapidamente i titoli per soddisfare le esigenze di margine delle CCP in periodi di maggiore volatilità del mercato o per impegnarsi con le banche centrali in situazioni di emergenza per ottenere un maggiore accesso ai titoli disponibili. il prestatore di ultima istanza. ...*
>
> *L'automazione e la standardizzazione di molte operazioni legate alla gestione delle garanzie ... a livello di mercato ... può consentire a un operatore di mercato di gestire richieste di garanzie collaterali sempre più complesse e rapide.*

E quindi, come abbiamo visto qui inconfutabilmente, l'obiettivo è utilizzare tutti i titoli come garanzia e quindi avere i reali mezzi pratici per prendere tutti i titoli come garanzia.

Sono stati implementati sistemi completi di "gestione delle garanzie collaterali" che assicurano il trasporto transfrontaliero di tutti i titoli attraverso il collegamento obbligatorio dei CSD agli ICSD alle CCP (dove si concentra il rischio del complesso dei derivati) e ai creditori garantiti unti che prenderanno la garanzia quando le CCP falliscono, avendo assicurato a se stesse che la loro presa di attività non può essere contestata "legalmente".

Inevitabilmente dopo la "bolla di tutto" ci sarà il "crollo di tutto". Una volta che i prezzi di praticamente tutto crolleranno e tutte le società finanziarie diventeranno rapidamente insolventi, questi sistemi di gestione delle garanzie trasferiranno automaticamente tutte le garanzie alle controparti centrali di compensazione (CCP) e alle banche centrali.

La trappola, nella quale sono state ammassate tutte le nazioni, è pronta e attende di scattare.

Ci sarà un punto finale epico dopo decenni di finanziarizzazione apparentemente fuori controllo, che non avrà alcuno scopo benefico per l'umanità, ma i cui effetti devastanti sono evidenti anche adesso.

5 Gestione delle garanzie

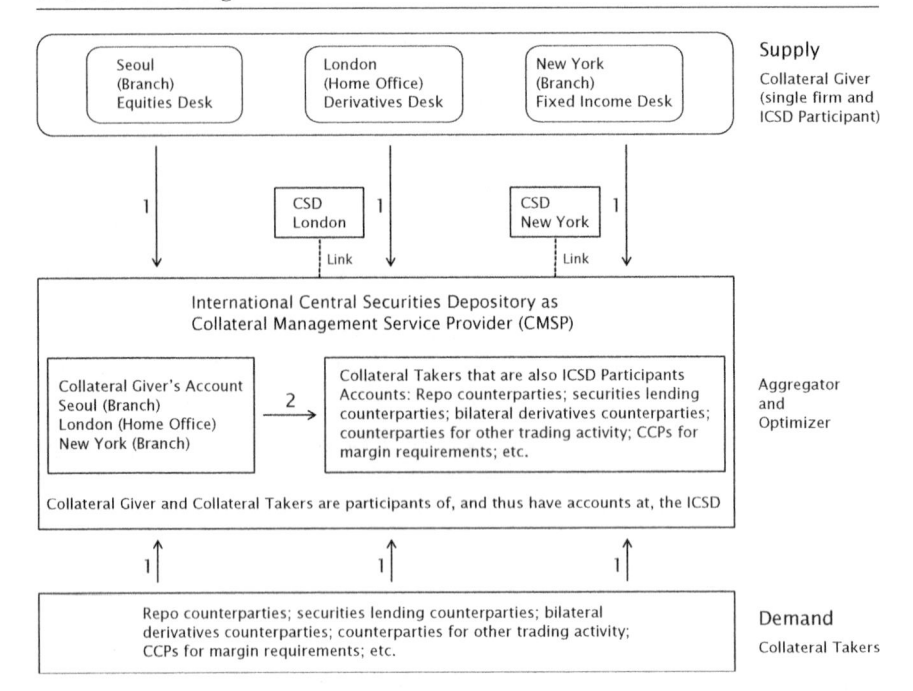

```
┌─────────────┐  ┌─────────────┐  ┌─────────────┐   Supply
│   Seoul     │  │   London    │  │  New York   │
│  (Branch)   │  │(Home Office)│  │  (Branch)   │   Collateral Giver
│Equities Desk│  │Derivatives  │  │Fixed Income │   (single firm and
│             │  │    Desk     │  │    Desk     │   ICSD Participant)
└──────┬──────┘  └──────┬──────┘  └──────┬──────┘
       │    ┌─────────┐ │    ┌─────────┐ │
     1 │    │   CSD   │1│    │   CSD   │1│
       │    │ London  │ │    │New York │ │
       │    └────┬────┘ │    └────┬────┘ │
       │       Link     │       Link     │
       ▼         ▼      ▼         ▼      ▼
┌──────────────────────────────────────────────────┐
│  International Central Securities Depository as  │
│   Collateral Management Service Provider (CMSP)  │
│ ┌──────────────────┐  ┌────────────────────────┐ │
│ │Collateral Giver's│  │Collateral Takers that  │ │  Aggregator
│ │     Account      │  │are also ICSD Participants│ │    and
│ │ Seoul (Branch)   │2 │Accounts: Repo counter- │ │  Optimizer
│ │London (Home Off.)│→ │parties; securities     │ │
│ │New York (Branch) │  │lending counterparties; │ │
│ │                  │  │bilateral derivatives   │ │
│ │                  │  │counterparties;         │ │
│ │                  │  │counterparties for other│ │
│ │                  │  │trading activity; CCPs  │ │
│ │                  │  │for margin requirements;│ │
│ │                  │  │etc.                    │ │
│ └──────────────────┘  └────────────────────────┘ │
│ Collateral Giver and Collateral Takers are       │
│ participants of, and thus have accounts at, ICSD │
└──────────────────────────────────────────────────┘
       ▲              ▲              ▲
     1 │            1 │            1 │
┌──────────────────────────────────────────────────┐
│ Repo counterparties; securities lending counter- │   Demand
│ parties; bilateral derivatives counterparties;   │
│ counterparties for other trading activity;       │   Collateral Takers
│ CCPs for margin requirements; etc.               │
└──────────────────────────────────────────────────┘
```

Figura 5.1: Giurisdizioni multiple, ICSD come fornitore di servizi di gestione delle garanzie con collegamenti ad altri CSD. Adattato dal diagramma 5 in nota 19. Spiegazioni fornite nell'originale: Collegamento = L'ICSD ha collegamenti diretti o indiretti con altri CSD. I titoli detenuti dai partecipanti all'ICSD tramite questi accordi di collegamento sono inclusi nel rispettivo pool di garanzie collaterali del partecipante all'ICSD e disponibili all'ICSD come CMSP. 1 = Il datore della garanzia e i beneficiari della garanzia inviano una notifica all'ICSD in merito alle loro transazioni tripartite. 2 = L'ICSD determinerà l'utilizzo ottimale dei titoli disponibili e genererà le istruzioni di allocazione delle garanzie sottostanti; il trasferimento della garanzia viene regolato sui libri contabili dell'ICSD.

È stata una strategia deliberata eseguita nel corso di decenni. Questo era lo scopo di gonfiare la bolla globale in modo del tutto sproporzionato rispetto a qualsiasi cosa o attività del mondo reale, che deve finire in un disastro per così tante persone, senza che alcuna sacca di resilienza possa rimanere in nessun paese.

Capitolo 6

Porto sicuro per chi e da cosa?

> Tutti gli animali sono uguali, ma alcuni animali sono più uguali di altri.
>
> George Orwell, La fattoria degli animali

Nel 2005, meno di due anni prima dell'inizio della crisi finanziaria globale, le disposizioni sull' "approdo sicuro" nel codice fallimentare statunitense sono state significativamente modificate. Il "porto sicuro" sembra una buona cosa, ma ancora una volta, **si trattava di rendere assolutamente certo che i creditori garantiti possano prendere i beni dei clienti e che ciò non possa essere contestato successivamente.** Si trattava di un "porto sicuro" per i creditori privilegiati contro le pretese dei clienti sui propri beni.

Di seguito alcuni estratti esplicativi tratti dall'articolo online "L'effetto del nuovo codice fallimentare sulle operazioni Safe Harbor"[1]:

Il 17 ottobre 2005 sono entrate in vigore le disposizioni del Bankruptcy Abuse Prevention and Consumer Protection Act del 2005 (la legge del 2005), che modificano varie disposizioni del Codice fallimentare statunitense ... Di particolare importanza sono le disposizioni della legge del 2005 che affrontano la questione del fallimento trattamento di varie operazioni di "approdo sicuro", quali contratti a termine, contratti su merci, accordi di riacquisto e contratti su titoli.

---

[1] N. F. Coco, K. Irvin e P. Malyshev. *The Effect of the new Bankruptcy Code on Safe Harbor Transactions.* 2005. URL: https://www.mondaq.com/unitedstates/commoditiesderivativesstock-exchanges/36408/the-effect-of-the-new-bankruptcy-code-on-safe-harbor-transactions.

Storicamente, secondo il Codice fallimentare statunitense, un curatore fallimentare poteva evitare i trasferimenti, ovvero forzare la restituzione o il rimborso, se

- il trasferimento è stato "costruttivamente fraudolento", ossia è stato ricevuto meno del "ragionevole valore equivalente", e il debitore in fallimento
  - era insolvente,
  - è divenuto insolvente a seguito del trasferimento,
  - era impegnato in affari per i quali il debitore disponeva di un capitale irragionevolmente ridotto,
  - ha contratto intenzionalmente debiti oltre la sua capacità di pagare, o
  - ha effettuato tale trasferimento a o a beneficio di un insider;

o

- il trasferimento è stato effettuato entro 90 giorni dalla dichiarazione di fallimento (un anno se il cessionario era un insider). I trasferimenti che soddisfano uno qualsiasi dei criteri di cui sopra sono denominati "preferenze", "trasferimenti preferenziali" o "passività preferenziali".

Quindi ora, con le nuove disposizioni del "safe harbour" (porto sicuro), il trasferimento dei beni dei clienti a creditori precedentemente considerati fraudolenti non può più essere contestato. Era proprio questo il punto. Inoltre, ora è del tutto accettabile che il trasferimento dei beni pubblici avvenga gratuitamente (FoP), poiché non è richiesto di dimostrare che è stato ricevuto un valore ragionevolmente equivalente.

Stephen J. Lubben è titolare della cattedra *Harvey Washington Wiley* in Corporate Governance & Business Ethics presso la Seton Hall University ed esperto nel campo della finanza e *governance* aziendale, ristrutturazione aziendale, difficoltà finanziarie e debito. Di seguito sono riportati alcuni estratti dal suo libro "Il codice fallimentare senza Safe Harbor"[2]):

---

[2] S. J. Lubbers. *The Bankruptcy Code Without Safe Harbors*. National Conference of Referees in Bankruptcy, Bangor, Me., 2010. URL: https://www.worldcat.org/title/649573636.

A seguito delle modifiche al Codice del 2005, è difficile immaginare un derivato che non sia soggetto a un trattamento speciale.

I safe harbour coprono un'ampia gamma di contratti che potrebbero essere considerati derivati, compresi contratti su titoli, contratti su materie prime, contratti a termine, accordi di riacquisto e, soprattutto, accordi di swap. Quest'ultima è diventata una sorta di definizione "pigliatutto" che copre l'intero mercato dei derivati, presente e futuro...

Un contratto protetto... è tutelato solo se il titolare è anche un soggetto tutelato, come definito nel Codice Fallimentare. I partecipanti finanziari – essenzialmente istituzioni finanziarie di grandi dimensioni – sono sempre protetti.

I Safe Harbor, così come attualmente in vigore, sono stati promossi dall'industria dei derivati come misure necessarie... L'argomento del rischio sistemico a favore dei Safe Harbor si basa sulla convinzione che l'incapacità di chiudere una posizione in derivati a causa della sospensione automatica causerebbe una catena di fallimenti. tra le istituzioni finanziarie.

Il problema di questo argomento è che non riesce a considerare i rischi creati dalla fretta di chiudere posizioni e richiedere garanzie collaterali alle aziende in difficoltà. Ciò non solo contribuisce al fallimento di un'impresa finanziaria già indebolita, favorendo una corsa all'impresa, ma ha anche conseguenti effetti sui mercati in generale... il Codice dovrà vigilare contro i tentativi di accaparrarsi massicce quantità di garanzie sul mercato. vigilia di un fallimento, in un modo che non è correlato al valore sottostante delle operazioni collateralizzate.

Il nuovo regime di approdo sicuro è stato consolidato nella giurisprudenza con i procedimenti giudiziari riguardanti il fallimento di Lehman Brothers. Nel periodo precedente al fallimento, JP Morgan (JPM) aveva preso i beni dei clienti come creditore garantito pur essendo il custode di questi beni dei clienti! Secondo le leggi fallimentari di lunga data, questo sarebbe stato chiaramente un trasferimento di preferenze costruttivamente fraudolento a vantaggio di un insider. E così, JPM è stata citata in giudizio da clienti i cui beni erano stati confiscati.

Citerò la seguente memoria depositata in difesa di JPM dallo studio legale Wachtel, Lipton, Rosen & Katz, presso il tribunale fallimentare statunitense del distretto meridionale di New York[3]):

> *Lo scopo dei safe harbour, sin dal loro inizio, è stato quello di promuovere la stabilità nei mercati finanziari ampi e intrinsecamente instabili, proteggendo le transazioni in tali mercati da eventuali turbative durante un fallimento. Come spiegato nella storia legislativa dell'originario Safe Harbor, "la stabilità finanziaria delle stanze di compensazione, con spesso milioni di dollari a loro disposizione, sarebbe gravemente minacciata" dall'esposizione a richieste di evasione; inoltre, le azioni volte a evitare i pagamenti dei margini effettuati dalle stanze di compensazione potrebbero innescare una "reazione a catena" di insolvenze tra tutti gli altri partecipanti al mercato, "minacciando l'intero settore".*

Ora ecco la decisione della corte[4]):

CORTE FALLIMENTARE DEGLI STATI UNITI DISTRETTO SUD DI NEW YORK In riferimento: Capitolo 11 Caso n. 08-13555

La Corte concorda con JPMC sul fatto che in questo caso si applicano i "safe harbour" ed è opportuno che tali disposizioni siano applicate così come sono scritte e applicate letteralmente nell'interesse della stabilità del mercato. Le transazioni in questione sono esattamente il tipo di accordi contrattuali che dovrebbero essere esenti dall'essere sconvolti da un tribunale fallimentare secondo gli standard più indulgenti di trasferimento fraudolento costruttivo o responsabilità preferenziale: si tratta di transazioni di rilevanza sistemica tra operatori finanziari sofisticati in un momento di difficoltà finanziaria nei mercati – in altre parole, il contesto preciso al quale erano destinati i porti sicuri. ...

La Corte deve innanzitutto valutare se JPMC può beneficiare della protezione ai sensi della sezione 546 (e). Tale sottosezione, come gli approdi sicuri in generale, si applica solo a determinati tipi di entità qualificate. ...

---

[3] Wachtell, Lipton, Rosen & Katz (attorneys). *Memorandum of Law in Support of Motion To Dismiss of Defendant JPMorgan Chase Bank, N.A.* 2010. URL: https://www.creditslips.org/files/lehman_brothers_holdings_inc.__14.pdf.

[4] United States Bankruptcy Court Southern District of New York. *Memorandum Decision Granting in Part and Denying in PartMotion to Dismiss by Defendant JPmorgan Chase Bank, N.A.* 2012. URL: https://www.nysb.uscourts.gov/sites/default/files/opinions/198038_134_opinion.pdf.

JPMC, in quanto uno dei principali istituti finanziari al mondo, è ovviamente un membro della classe protetta e si qualifica sia come "istituto finanziario" che come "partecipante finanziario".

E quindi, solo "un membro della classe protetta" ha il potere di impossessarsi dei beni dei clienti in questo modo. I creditori garantiti più piccoli non hanno lo stesso privilegio.

All'indomani della crisi finanziaria globale del 2007-2008 nessun dirigente è stato condannato per un reato di utilizzo e successiva perdita dei beni dei clienti. Al contrario! Il fallimento di Lehman Brothers è stato utilizzato per stabilire un precedente giurisprudenziale secondo cui la "classe protetta" dei creditori privilegiati ha un diritto di priorità assoluta sui beni dei clienti e che, potenzialmente e praticamente, solo loro finiranno con i beni in mano.

Capitolo 7

Parti centrali di compensazione

> Humpty Dumpty è stato spinto.
>
> Mr. Potato Head, Toy Story

Le parti centrali di compensazione (CCP) si assumono il rischio di controparte tra le parti di una transazione e forniscono compensazione e regolamento per le negoziazioni in valuta estera, titoli, opzioni e, soprattutto, contratti derivati. Se un partecipante fallisce, la CCP assume gli obblighi del partecipante alla compensazione fallito. La CCP combina le esposizioni verso tutti i partecipanti diretti nel suo bilancio.

Esiste il rischio che le CCP falliscano?

Euroclear è un deposito centrale internazionale di titoli (ICSD), progettato per convogliare le garanzie dei clienti verso le controparti centrali. Nel 2020, Euroclear ha pubblicato un articolo che discute la possibilità di fallimento delle CCP "Regolamentazione dei rischi delle CCP"[1]), in cui troviamo le seguenti notevoli dichiarazioni dei relatori alla conferenza collaterale di Euroclear:

> *Le autorità di regolamentazione di tutto il mondo hanno richiesto più capitale, più garanzie collaterali e più compensazione. E in larga misura ora hanno ciò che volevano. ...*
>
> *Eppure, nonostante gli enormi sforzi intrapresi dagli operatori di mercato, permangono due preoccupazioni principali. Il primo è che le normative finanziarie delle diverse giurisdizioni non sono completamente allineate tra loro. E in secondo luogo che i rischi nei sistemi finanziari sono stati concentrati nelle controparti centrali*

---

[1] Euroclear. *Regulating the risks of CCPs*. 2020. URL: https://www.euroclear.com/newsandinsights/en/Format/Articles/regulating-risks-of-ccps.html.

> *di compensazione (CCP). Queste due questioni si uniscono nell'imminente spinta normativa volta a ideare un regime di risoluzione e recupero per le CCP di tutto il mondo. ...*
>
> *La spinta dell'UE a creare un regime di risanamento e risoluzione per le CCP ... ha anche creato tensioni tra le stesse stanze di compensazione e le loro banche di compensazione e i membri dei gestori patrimoniali, su chi dovrebbe pagare cosa in caso di collasso di queste infrastrutture critiche di mercato. ...*
>
> *Ma, per le istituzioni dell'UE, la linea rossa [sic] è che se un PCC fallisce, allora non ci si aspetta che il contribuente paghi.*

L'ultimo paragrafo è un sotterfugio che garantisce che nella "risoluzione" i creditori garantiti si impossesseranno immediatamente delle attività sottostanti; questo è il piano, cioè **la nazionalizzazione non deve essere consentita.**

Il rapporto continua:

> *Indipendentemente dal modo in cui il testo finale [del regolamento] è equilibrato, ciò non toglie nulla al fatto che il rischio è ora fortemente focalizzato all'interno di queste istituzioni. Uno dei partecipanti al panel di Euroclear ha suggerito che vi è resistenza alla marcia sempre crescente verso la compensazione centrale poiché si tratta di una funzione di gestione del rischio e le funzioni occasionalmente falliscono.*
>
> *Infatti, proprio perché i PCC non sono falliti in passato, non c'è nulla che possa dire che non ci sarà una crisi del PCC in futuro. I relatori temevano che, data la ridotta base di capitale attualmente posseduta dalle CCP, qualsiasi ripresa e risoluzione di una CCP in fallimento comporterà che i membri diretti della compensazione si alzino per sostenerli attraverso una serie di azioni difficili per le aziende coinvolte. ...*
>
> *Uno dei requisiti chiave della bozza del documento sarà l'obbligo per i CCP di intraprendere la pianificazione degli scenari. E il fallimento di un PCC sarà probabilmente innescato dal default simultaneo di due dei suoi principali membri. "Se un grande PCC è in difficoltà a causa del default dei suoi membri [sic], allora avremo una crisi bancaria", afferma Benoît Gourisse, direttore senior delle politiche pubbliche europee presso l'ISDA.*

7 Parti centrali di compensazione

Nel 2022, il Financial Stability Board (FSB) e il Comitato per i pagamenti e le infrastrutture di mercato della BRI hanno pubblicato il rapporto "Risorse finanziarie della controparte centrale per il recupero e la risoluzione"[2]), in cui troviamo le seguenti dichiarazioni:

> *Nel novembre 2020, i presidenti dell'FSB, del Comitato per i pagamenti e le infrastrutture di mercato (CPMI), dell'Organizzazione internazionale delle commissioni sui valori mobiliari (IOSCO) e del Gruppo direttivo per la risoluzione dell'FSB (ReSG) si sono impegnati pubblicamente a collaborare e condurre ulteriori lavori sulla Risorse finanziarie del PCC per il risanamento e la risoluzione. Tale lavoro prenderebbe in considerazione la necessità di, e svilupperebbe ove appropriato, una politica internazionale sull'uso, la composizione e l'importo delle risorse finanziarie nelle fasi di risanamento e risoluzione per rafforzare ulteriormente la resilienza e la possibilità di risoluzione delle CCP in scenari di perdite di default e non-default.*

Sotto il titolo "Effetti a livello di sistema, di contagio e interconnessione", lo stesso rapporto afferma:

> *Poiché gli scenari erano specifici per ciascuna CCP, i risultati non possono essere aggregati per simulare le perdite totali a livello del sistema finanziario per qualsiasi scenario particolare. Pertanto non sono stati considerati gli effetti a livello di sistema. L'analisi non ha preso in considerazione le circostanze economiche sottostanti che potrebbero causare il default simultaneo di quattro partecipanti diretti presso ciascuna delle sette CCP, la probabilità di tali circostanze, o il potenziale impatto del default degli stessi partecipanti diretti in più CCP. L'analisi non ha nemmeno tentato di modellare gli effetti di secondo e secondo ordine degli scenari che potrebbero comportare uno stress di mercato più ampio, compresi potenziali aumenti dei requisiti di margine, pressione sulla liquidità e scarsità di garanzie. Infine, l'analisi presupponeva che tutti i partecipanti non inadempienti continuassero a mantenere gli impegni assunti.*

Pertanto, questa analisi fornita dal "Financial Stability Board" della BRI ha assolutamente evitato di contemplare esattamente cosa succede in una crisi finanziaria globale!

---

[2] Bank for International Settlements. *Central Counterparty Financial Resources for Recovery and Resolution*. 2022. URL: https://www.bis.org/publ/othp46.pdf.

La *Depository Trust & Clearing Corporation* (DTCC) gestisce due CCP, entrambe designate negli Stati Uniti come *Systemically Important Financial Market Utilities* (SIFMU).

I seguenti estratti provengono da un articolo pubblicato da DTCC[3]):

Con tre delle filiali delle agenzie di compensazione del DTCC dichiarate "utilità del mercato finanziario di importanza sistemica" (SIFMU), Pozmanter [il responsabile dei servizi e delle operazioni globali delle agenzie di compensazione del DTCC] ha affermato che quest'anno ci sono stati sforzi e discussioni significativi per aggiornare le società di compensazione e i piani di risanamento e liquidazione del depositario. ... Ha chiesto al relatore Stephen Pecchia, amministratore delegato del DTCC, ufficio di recupero e risoluzione, informazioni sulle regole di liquidazione aggiornate e su alcune modifiche alle regole di allocazione delle perdite dell'agenzia di compensazione.

"Gli standard della Covered Clearing Agency richiedono piani per un recupero e una liquidazione ordinati", ha affermato Pecchia. "Cercheremo di liquidare l'entità fallita e, contemporaneamente, di trasferire i nostri servizi a una terza parte che si è opposta all'impresa DTCC o che sarebbe qualche altro acquirente di terze parti. Ciò che accadrà è essenzialmente un trasferimento di servizi: ci sarebbe una certa cessione di beni, ci sarebbero accordi di servizio stipulati tra le agenzie di compensazione fallite così come tra la holding DTCC e questa nuova entità. "...

"Speriamo che questo sia qualcosa che non dovremo mai fare, ma dobbiamo essere preparati", ha detto. "Come molti di voi sanno, ciò che porterà a questo potenziale avvenimento potrebbe non essere qualcosa che abbiamo visto storicamente, ma il valore sta nella pianificazione. "

Quindi, qualcosa che non è stato visto prima spingerà l'imperativo ad avviare un nuovo PCC, e stanno pianificando che ciò accada.

---

[3] DTCC. *Collaborative Efforts Underway to Strengthen Risk Management Framework.* 2017. URL: https://www.dtcc.com/news/2017/november/20/collaborative-efforts-underway-to-strengthen-risk-management-framework.

7 Parti centrali di compensazione

Il DTCC ha fornito un videoclip intitolato "Prospettive sulla gestione del rischio del CCP"[4], in cui Murray Pozmanter fa la seguente dichiarazione:

> *Riteniamo che il livello di capitalizzazione di una CCP sia una componente chiave della sua resilienza complessiva. Le CCP devono essere sufficientemente capitalizzate per sopportare le perdite derivanti sia da eventi di insolvenza dei membri che di perdite da inadempimento di non membri. In risposta a ciò, abbiamo implementato un quadro patrimoniale completo per misurare e mitigare efficacemente il rischio e per supportare la resilienza di DTCC e delle nostre filiali.*

Qual è allora la capitalizzazione del DTCC? Questo è un estratto dal bilancio consolidato del DTCC a marzo 2023[5]:

> *The Depository Trust & Clearing Corporation (DTCC) è la società madre di varie filiali operative, tra cui The Depository Trust Company (DTC), National Securities Clearing Corporation (NSCC), Fixed Income Clearing Corporation (FICC), DTCC ITP LLC (ITP), DTCC Deriv/SERV LLC (Deriv/SERV), DTCC Solutions LLC (Solutions (USA)), DTCC Solutions (UK) Limited (Solutions (Regno Unito)), Business Entity Data, BV (BED); Collettivamente, la "Società" o le "Società".*

Questo è tutto DTCC, consolidato, cioè l'intera torta.

Al 31 marzo 2023, il patrimonio netto totale consolidato era leggermente superiore a 3,5 miliardi di dollari.

Ora rendiamoci conto che questa è l'intera capitalizzazione alla base del Depositario Centrale di Titoli e delle CCP per l'intero mercato mobiliare statunitense e il complesso dei derivati.

Confrontatelo con l'affermazione citata:

> *Riteniamo che il livello di capitalizzazione di una CCP sia una componente chiave della sua resilienza complessiva. Le CCP devono essere sufficientemente capitalizzate per sopportare le perdite derivanti sia da eventi di insolvenza dei membri che di perdite da inadempimento di non membri.*

---

[4] DTCC. *Perspectives on CCP Risk Management*. 2017. URL: https://www.dtcc.com/news/2017/april/03/the-role-of-ccps-in-promoting-market-stability.

[5] DTCC. *Consolidated Financial Statements as of and for the Years Ended December 31, 2022 and 2021, and Independent Auditors' Report*. 2023. URL: https://www.dtcc.com/-/media/Files/Downloads/legal/financials/2023/DTCC-Annual-Financial-Statements-2022-and-2021.pdf.

Questo è uno dei tanti inganni palesi, spiacevoli e scomodi da vedere e quindi facilmente respinti. Ricordiamo ora questi estratti dello scambio tra il *Legal certainty group* e gli avvocati della *Federal Reserve*:

> *Domanda (UE): L'investitore è protetto dall'insolvenza di un intermediario e, se sì, come?*
>
> *Risposta (Federal Reserve di New York): ... un investitore è sempre vulnerabile nei confronti di un intermediario mobiliare che non ha interessi in un'attività finanziaria sufficienti a coprire tutti i diritti sui titoli che ha creato in quell'attività finanziaria...*
>
> *Se il creditore garantito ha il "controllo" sull'attività finanziaria avrà la priorità rispetto ai titolari dei diritti...*
>
> *Se l'intermediario di valori mobiliari è una società di compensazione, i crediti dei suoi creditori prevalgono su quelli degli aventi diritto.*

Quindi eccoci qua. Nel crollo delle filiali di compensazione della DTCC, saranno i creditori garantiti a impossessarsi dei beni degli aventi diritto. Questo è dove stiamo andando. È progettato per accadere all'improvviso e su vasta scala.

Ci sono alcune ulteriori affermazioni rilevanti nell'articolo "DTCC Dettagli approccio alla gestione del rischio"[6]):

> *Gran parte del dibattito recente si è concentrato sulla questione se le CCP debbano apportare maggiori contributi del proprio capitale alla cascata di allocazione delle perdite come un modo per assicurarsi che la loro gestione del rischio sia prudente e che abbiano la propria "parte in gioco".*
>
> *Si potrebbe sostenere che le CCP quotate in borsa potrebbero potenzialmente non essere allineate con gli interessi dei proprietari e degli azionisti, che hanno anche utilizzato i suoi servizi.*
>
> *"Abbiamo ritenuto molto importante sottolineare che questo argomento non è applicabile ai CCP di DTCC perché in sostanza la fonte del nostro capitale sono i nostri utenti", ha affermato Pozmanter. "Non riteniamo che mettere a rischio una porzione sproporzionata di quel capitale come parte della nostra cascata di allocazione delle perdite allineerebbe i nostri interessi meglio di quanto non siano già*

---

[6] T. Flanagan. *DTCC Details Risk Management Approach.* 2015. URL: https://www.marketsmedia.com/dtcc-details-risk-management-approach/.

7 Parti centrali di compensazione

allineati con i nostri proprietari e utenti. Consideriamo questo come una potenziale fonte di instabilità in un mercato stressato".

Ha aggiunto: "Anche se siamo favorevoli ad avere una parte del nostro capitale nella cascata delle perdite, riteniamo che avere una metodologia molto trasparente e una percentuale statica del nostro capitale operativo nella cascata sia la cosa più appropriata per noi."

... Per quanto riguarda le procedure di risoluzione, il DTCC è contrario al prefinanziamento della cascata delle perdite per default, sebbene sia favorevole al prefinanziamento del capitale operativo necessario per mettere in funzione una nuova CCP in caso di default.

"Mentre procediamo con la nostra pianificazione di risanamento e risoluzione, vogliamo avere il capitale operativo prefinanziato per avviare potenzialmente una nuova CCP in caso di risoluzione di una delle nostre CCP", ha affermato Pozmanter. "Vediamo sicuramente la logica nell'avere il capitale operativo per avviare una nuova CCP prefinanziata".

Ecco qua. *I PCC sono progettati per fallire. Sono deliberatamente sottocapitalizzati.* L'avvio di un nuovo CCP è pianificato e prefinanziato. Questo costrutto garantisce che i creditori garantiti prenderanno tutte le garanzie sulle quali avranno un perfetto controllo legale. Lo Stato di diritto deve prevalere! Altrimenti avremmo il caos! Dopotutto nessuno è al di sopra della legge!

Per ricordarne la struttura, ecco un estratto dall'articolo di Wikipedia sul DTCC [vedi nota 2 sopra]:

La maggior parte dei grandi broker-dealer e banche statunitensi partecipano a pieno titolo al DTC, il che significa che depositano e detengono titoli presso DTC. DTC appare nei registri azionari di un emittente come unico proprietario registrato dei titoli depositati presso DTC. DTC detiene i titoli depositati in "grandi quantità fungibili", il che significa che non esistono azioni specificamente identificabili possedute direttamente dai partecipanti DTC. Piuttosto, ciascun partecipante possiede un interesse proporzionale nel numero complessivo di azioni di un particolare emittente detenute presso DTC. Di conseguenza, ciascun cliente di un partecipante alla DTC, ad esempio un singolo investitore, possiede un interesse proporzionale nelle azioni in cui il partecipante alla DTC ha una partecipazione.

Con la spiegazione fornita dalla *Federal Reserve Bank* di New York (vedi Capitolo 3), sai cosa significa.

Capitolo 8

Vacanze bancarie

> Hanno barattato il loro diritto di primogenitura con un piatto di lenticchie.
>
> William Blake

Mia zia Elisabetta aveva dieci anni quando le banche furono chiuse con l'ordine esecutivo del 1933[1]). Quando le ho chiesto di raccontarmi della Grande Depressione, ha detto che improvvisamente nessuno aveva più soldi, che anche le famiglie benestanti non avevano soldi e dovevano togliere le loro figlie dalla scuola privata perché non potevano pagare la retta.

Mi chiedevo perché anche queste famiglie benestanti non potessero rimandare i propri figli a scuola dopo la riapertura delle banche.

La risposta è che solo le banche della Federal Reserve e le banche selezionate dalla Federal Reserve potevano riaprire.

"Le banche della Federal Reserve", scrive Allan Meltzer, "hanno inviato al Tesoro gli elenchi delle banche raccomandate per la riapertura, e il Tesoro ha concesso la licenza a quelle approvate". Lo studio di Meltzer "A History of the Federal Reserve"[2]) è considerato la storia più completa della banca centrale.

Le persone con soldi nelle banche a cui non è stato permesso di riaprire li hanno persi tutti. I loro debiti, tuttavia, non furono cancellati; questi sono stati rilevati dalle banche selezionate dal *Federal Reserve System*. Se queste persone non fossero riuscite a ripagare i

---

[1] F.D. Roosevelt. *Proclamation 2039 Declaring A Bank Holiday.* 1933. URL: https://en.wikisource.org/wiki/Proclamation_2039.

[2] A. H. Meltzer. *A History of the Federal Reserve.* 2003. URL: https://www.worldcat.org/title/1022688407.

debiti – cosa che ora era probabile, dato che avevano perso i loro soldi – **avrebbero perso tutto ciò che avevano finanziato con qualsiasi importo di debito, ad esempio la casa, l'auto e i loro affari.**

A migliaia di banche non è mai stato permesso di riaprire. Le grandi facciate degli ex edifici bancari possono essere viste intorno a Cleveland. Le banche furono così devastate che fu costruita una chiesa cattolica nel quartiere con massicce colonne di pietra recuperate da un edificio bancario che era stato demolito.

La *Cleveland Trust Co.* era cresciuta attraverso acquisizioni fino a diventare, nel 1924, la sesta banca più grande degli Stati Uniti. Come notato dalla Case Western Reserve University Encyclopedia of Cleveland History[3]), "la banca sopravvisse bene alla Depressione". Com'è stato possibile?

È stata scelto dalla Federal Reserve per consolidare i debiti. Avevo un professore di finanza che disse alla classe che il *Cleveland Trust* aveva condotto un processo sistematico di pignoramento e sfratto di molte migliaia di famiglie dalle loro case nell'area metropolitana di Cleveland. Dopo che queste famiglie furono sfrattate dalle loro case e il loro patrimonio spazzato via, fu offerta loro la possibilità di tornare nelle loro case precedenti come affittuari, con il vantaggio per il *Cleveland Trust* che queste famiglie avrebbero pagato per mantenere le case riscaldate fino a quando non avrebbero potuto essere vendute. Il Cleveland Trust ha fatto "bene". Come faceva il mio professore di finanza a saperlo? La sua famiglia era una delle migliaia di famiglie il cui mutuo sulla casa era stato rilevato dal *Cleveland Trust*.

Confrontate questo con l'immagine allegra trasmessa da William L. Silber, che era un membro del comitato consultivo economico della *Federal Reserve Bank* di New York. Nel suo articolo "Perché il giorno festivo di FDR ha avuto successo?"[4]), Silber scrive:

> *Con grande sollievo di tutti, quando le istituzioni hanno riaperto al pubblico il 13 marzo, i depositanti si sono messi in fila per restituire il denaro accumulato alle banche del quartiere. Nel giro di due settimane, gli americani avevano ridepositato più della metà della valuta che avevano messo da parte prima della sospensione. Anche*

---

[3] Enyclopedia of Cleveland History. *Ameritrust.* 2023. URL: https://case.edu/ech/articles/a/ameritrust.

[4] W. L. Silber. *Why Did FDR's Bank Holiday Succeed?* 2009. URL: https://www.newyorkfed.org/medialibrary/media/research/epr/09v15n1/0907silb.pdf.

8 Vacanze bancarie

il mercato ha registrato il suo consenso. Il 15 marzo 1933, il primo giorno di negoziazione dopo la chiusura prolungata, la Borsa di New York registrò il più grande aumento di prezzo in un giorno mai registrato. Con il senno di poi, il Bank Holiday nazionale del marzo 1933 pose fine alle corse agli sportelli che avevano afflitto la Grande Depressione ... Gli osservatori contemporanei considerano il Bank Holiday e il Fireside Chat l'uno-due che spezzò la schiena della Grande Depressione ... la velocità con cui il Bank Holiday Act ha ristabilito l'integrità del sistema dei pagamenti dimostra il potere di politiche credibili di cambiamento di regime.

L'Emergency Banking Act del 1933 era stato approvato dal Congresso il 9 marzo 1933, tre giorni dopo che FDR aveva dichiarato la vacanza bancaria, con una sola copia disponibile nell'aula della Camera dei Rappresentanti e con copie messe a disposizione dei senatori poiché il disegno di legge veniva proposto al Senato, dopo che era passato alla Camera[5]).

Ha avuto successo? Siamo portati a credere che il Bank Holiday sia stato un progetto brillante. Beh, per alcuni lo era. **Ha avuto un enorme successo per quegli interessi bancari che hanno preso le risorse e consolidato il loro potere.** Certamente ha dimostrato il potere delle "politiche di cambio di regime". Vedremo che **non si trattava solo di prendere le case delle persone e altre cose.** Per quanto riguarda porre fine al panico, forse non è così difficile da fare una volta fomentato il panico.

Nell'articolo di Wikipedia "La Grande Depressione"[6]) troviamo la seguente illuminazione dello strano comportamento della Fed negli anni precedenti la festività bancaria:

La spiegazione monetarista è stata data dagli economisti americani Milton Friedman e Anna J. Schwartz. Sostenevano che la Grande Depressione fosse stata causata dalla crisi bancaria che causò la scomparsa di un terzo di tutte le banche, una riduzione della ricchezza degli azionisti bancari e, soprattutto, una contrazione monetaria del 35%, che chiamarono "La Grande Contrazione". Non

---

[5] Wikipedia. *The Emergency Banking Act of 1933*. 2023. URL: https://en.wikipedia.org/wiki/Emergency_Banking_Act_of_1933.

[6] Wikipedia. *The Great Depression*. 2023. URL: https://en.wikipedia.org/wiki/Great_Depression.

abbassando i tassi di interesse, non abbassando i tassi e non iniettando liquidità nel sistema bancario per evitare che crollasse, la Federal Reserve ha assistito passivamente alla trasformazione di una normale recessione nella Grande Depressione.

La Federal Reserve permise alcuni grandi fallimenti bancari pubblici - in particolare quello della New York Bank of United States [nel dicembre 1930] - che produssero panico e corse diffuse alle banche locali, e la Federal Reserve rimase a guardare mentre le banche crollavano. Friedman e Schwartz sostenevano che, se la Fed avesse fornito prestiti di emergenza a queste banche chiave, o semplicemente avesse acquistato titoli di stato sul mercato aperto per fornire liquidità e aumentare la quantità di denaro dopo il crollo delle banche chiave, tutto il resto delle banche non lo avrebbe fatto. sarebbero diminuite dopo quelle più grandi, e l'offerta di moneta non sarebbe diminuita così tanto e velocemente come è avvenuto.

Questo punto di vista è stato sostenuto nel 2002 dal governatore della *Federal Reserve* Ben Bernanke in un discorso in onore di Friedman e Schwartz con questa dichiarazione[7]):

Vorrei concludere il mio intervento abusando leggermente del mio status di rappresentante ufficiale della Federal Reserve. Vorrei dire a Milton e Anna: riguardo alla Grande Depressione, avevate ragione. L'abbiamo fatta noi. Siamo molto spiacenti. Ma grazie a voi, non lo faremo più.

Dato che questa è "storia antica", era sicuro per Bernanke fare una simile ammissione. Ma più precisamente, gli avrebbe permesso di atteggiarsi a uomo saggio che aveva studiato gli "errori" della Federal Reserve, e quindi di giustificare le misure straordinarie della Fed da seguire nella crisi finanziaria globale. La Fed è davvero "molto dispiaciuta"? Si può credere alla promessa "non lo faremo più"? Hanno studiato in dettaglio le lezioni del passato; tuttavia, il loro scopo è stato quello di preparare **una versione globale nuova e migliorata per la spettacolare fine di questo super-ciclo di espansione del debito. Ecco di cosa parla questo libro.**

---

[7] B. S. Bernanke. *Remarks by Governor Ben S. Bernanke on Milton Friedman's Ninetieth Birthday.* 2002. URL: https://www.federalreserve.gov/boarddocs/speeches/2002/20021108/.

8 Vacanze bancarie

Contrariamente all'immagine di successo che ci è stata tramandata, la vacanza bancaria (Bank Holiday) non pose fine alla Grande Depressione. Non vi è stata alcuna ripresa che avrebbe potuto consentire alle persone di onorare i propri debiti e mantenere le proprie proprietà. Perché? "Inspiegabilmente", la Federal Reserve mantenne rigide le condizioni[8]):

> *Secondo la letteratura sull'argomento, le possibili cause ... erano una contrazione dell'offerta di moneta causata dalle politiche della Federal Reserve e del Dipartimento del Tesoro e dalle politiche fiscali restrittive.*

Se si trattava di un programma completo per garantire che non ci sarebbe stata alcuna ripresa, avrebbe funzionato abbastanza bene. Le condizioni rimasero sostanzialmente stressanti per anni e mantennero basso il livello dei prezzi, così che le persone non ebbero la possibilità di vendere beni per ripagare i debiti. So dalle lettere di famiglia che, nonostante non avesse debiti, i tempi erano piuttosto duri. Nonna Webb scrisse a suo figlio (che frequentava un programma di atletica giovanile in una base militare) dicendogli che nonno Webb era stato fuori a cercare di trovare lavoro per la *Webb Equipment*. Era il 1936.

Contrariamente all'immagine di FDR come salvatore, le persone della mia famiglia che vissero negli anni '30 consideravano FDR qualcosa di simile a Satana stesso, e non erano persone religiose.

Ecco una citazione interessante di Silber (vedi nota 33 sopra):

> *L'Emergency Banking Act del 1933, approvato dal Congresso il 9 marzo, combinato con l'impegno della Federal Reserve di fornire quantità illimitate di valuta alle banche riaperte, creò di fatto un'assicurazione dei depositi al 100%.*

Quindi, secondo William L. Silber, che era un consigliere economico della *Federal Reserve Bank* di New York, la Fed nel marzo del 1933 miracolosamente e improvvisamente ebbe i mezzi "per fornire quantità illimitate di valuta alle banche riaperte", che erano, tra l'altro, naturalmente, solo le banche selezionate dal *Federal Reserve System*. Chiaramente, la Fed aveva sempre avuto i mezzi per evitare il fallimento di quelle migliaia di banche che non fece riaprire. Il panico può essere fomentato facilmente quando si esegue un sistema. Lo hanno fatto

---

[8] Anonymous. *Recession of 1937-38*. 2013. URL: https://www.federalreservehistory.org/essays/recession-of-1937-38.

accadere. Lo hanno pianificato e poi hanno portato la loro soluzione dopo aver messo in atto le loro politiche di cambio di regime.

Il Federal Reserve System e le banche selezionate dalla Fed erano pronti a prendersi i beni delle persone su vasta scala: le loro case, le loro automobili e persino i loro nuovi elettrodomestici, che erano stati loro venduti con l'innovazione del credito al consumo. Era necessario che "i banchieri" prendessero questa proprietà? Qual era il vero scopo? Riesci a superare l'idea che stessero cercando di aiutare? Anche se possiamo, siamo sempre portati a pensare a questo in piccolo – che si tratta sempre di una naturale avidità umana per il denaro e per le cose materiali. Non lo era allora e non lo è adesso.

Chiediti: se non vogliono i tuoi soldi, e non vogliono o non hanno veramente bisogno delle tue cose, e non stanno cercando di aiutarti, cosa vogliono? Qual è lo scopo di tutti i loro sforzi?

Potrebbe essere difficile da ascoltare: era una strategia deliberata. Si trattava di un potere supremo e completo, che non ammetteva centri di resistenza. E quindi si trattava di privazione. **Si trattava di sottomissione, e lo è ancora, in più modi di quanto sappiamo.**

Non si trattava di aiutare le persone allora, e non si tratta di aiutare le persone adesso. Fa tutto parte della stessa deliberata raccolta dell'umanità e dell'eliminazione di ogni sacca di resilienza, che ancora ci affligge.

Anche se oggi Cleveland è una città in rovina, negli anni '20 era un centro di incredibile prosperità. L'edificio della *Federal Reserve Bank* a Cleveland fu completato nel 1923, meno di dieci anni dopo la firma del *Federal Reserve Act*. Il caveau della banca è il più grande del mondo e incorpora la più grande cerniera mai costruita. Sembra che si stessero preparando a mettere un sacco di cose lì dentro, e per la possibilità che potesse esserci un po' di stress a riguardo. Forse non doveva essere riempito di frigoriferi, lavatrici e tostapane. **Ci sono torrette di mitragliatrici sopra il marciapiede a livello della strada.**

C'era un obiettivo più ampio.

Il lavoro preparatorio era stato posto quando il *Federal Reserve System* fu pianificato segretamente e con l'approvazione del *Federal Reserve Act* in silenzio prima del Natale del 1913. **Il *Federal Reserve Act* stabilì una logica inevitabile secondo cui la Fed doveva prendere l'oro del pubblico** in una crisi sufficientemente grave, con la giustificazione che altrimenti il credito non poteva essere erogato.

8 Vacanze bancarie

Questo è esattamente ciò che è ora previsto che accada con tutti i titoli di proprietà pubblica, a livello globale.

Ecco un importante estratto dall'articolo di Wikipedia sull'ordine esecutivo 6102[9]):

Il motivo dichiarato dell'ordine era che i tempi difficili avevano causato l'accaparramento dell'oro.

Tuttavia,

la logica principale alla base dell'ordine era in realtà quella di rimuovere il vincolo imposto alla Federal Reserve che le impediva di aumentare l'offerta di moneta durante la depressione. Il Federal Reserve Act (1913) richiedeva una copertura in oro del 40% delle banconote emesse dalla Federal Reserve. Verso la fine degli anni '20, la Federal Reserve aveva quasi raggiunto il limite del credito consentito, sotto forma di titoli a vista della Federal Reserve, che potevano essere garantiti dall'oro in suo possesso.

L'ordine esecutivo di confiscare tutto l'oro posseduto dal pubblico fu emesso sotto l'autorità del *Trading with the Enemy Act* del 1917, emanato quattro anni dopo la creazione della Federal Reserve. **L'atto era stato utilizzato per confiscare le proprietà dei nativi internati in Germania** e altro ancora. Ciò è descritto da Daniel A. Gross nel suo articolo "Gli Stati Uniti hanno confiscato mezzo miliardo di dollari in proprietà privata durante la prima guerra mondiale"[10]), il cui sottotitolo recita: "Il fronte interno americano è stato il luogo di sepoltura, deportazione e vasta confisca di proprietà."

Apparentemente tutto il pubblico americano era ormai il nemico. Pensaci. Le persone che stavano semplicemente proteggendo se stesse e le loro famiglie dalle azioni del *Federal Reserve System* furono accusate di accumulare oro e letteralmente criminalizzate se persistevano nel farlo. La logica è incredibile: stai accumulando oro, quindi lo prenderemo e ne faremo cosa? Accumuliamolo! Come abbiamo visto, una volta preso l'oro del pubblico, non l'hanno poi utilizzato come risorsa per espandere il credito. La gente è rimasta nella trappola del debito.

---

[9] Wikipedia. *Executive Order 6102*. 2023. URL: https://en.wikipedia.org/wiki/Executive_Order_6102.

[10] D. A. Gross. *The U.S. Confiscated Half a Billion Dollars in Private Property During WWI*. 2014. URL: https://www.smithsonianmag.com/history/us-confiscated-half-billion-dollars-private-property-during-wwi-180952144/.

La privazione continuava e addirittura peggiorava. **Evidentemente la necessità di espandere il credito serviva solo come pretesto per la confisca dell'oro pubblico, che era il vero obiettivo premeditato.**

Ho chiesto a mio padre perché le persone avevano restituito il loro oro. Ha detto che se non lo avessero fatto sarebbero stati considerati criminali, ma inoltre che non avrebbero potuto farci nulla perché non potevano trasportarlo o venderlo legalmente. Quindi, in sostanza, l'uso e il valore dell'oro erano stati confiscati. Questo è stato certamente il caso perché è rimasto illegale per un cittadino americano possedere oro per più di quarant'anni!

Ecco alcuni estratti dell'Ordine Esecutivo 6102[11]):

> *Tutte le persone sono tenute a consegnare, entro il 1 maggio 1933, ad una Federal Reserve Bank o filiale o agenzia della stessa o a qualsiasi banca membro del Federal Reserve System tutte le monete d'oro, i lingotti d'oro e i certificati d'oro ora di loro proprietà o provenienti nella loro proprietà ...*
>
> *Chiunque violi intenzionalmente qualsiasi disposizione del presente Ordine Esecutivo ... può essere multato non più di $ 10.000, o, se si tratta di una persona fisica, può essere imprigionato per non più di dieci anni, o entrambi ...*

Si noti che le sanzioni erano piuttosto severe e che tutto l'oro doveva essere letteralmente consegnato al sistema della *Federal Reserve*. Che carino!

Ora possiamo comprendere lo scopo della costruzione, nel 1923, del caveau di una banca più grande del mondo e di un edificio fortificato!

Forse questa volta l'oro non verrà confiscato immediatamente. L'oro non è stato preso di mira come garanzia collaterale essenziale, come nel caso del *Federal Reserve Act*. **In questo giro ci sono titoli di tutti i tipi, a livello globale, che sono stati istituiti come garanzia collaterale alla base del complesso dei derivati.**

Le grandi banche sono organizzate come holding con filiali. Lo scopo di questa struttura è quello di separare giuridicamente i rischi. Una filiale può essere progettata per assumere passività che non possono

---

[11] F. D. Roosevelt. *Executive Order 6102, Forbidding the Hoarding of Gold Coin, Gold Bullion and Gold Certificates*. 1933. URL: https://www.presidency.ucsb.edu/documents/executive-order-6102-forbidding-the-hoarding-gold-coin-gold-bullion-and-gold-certificates.

essere collegate alle attività di altre filiali o alla società holding. La filiale indebolita può essere fatta fallire separatamente. È del tutto possibile che le grandi banche abbiano abbassato il prezzo dell'oro vendendo oro "cartaceo" alle filiali, che verranno lasciate fallire, mentre accumulano oro fisico in altre filiali, progettate per sopravvivere. Ciò, tuttavia, non garantisce che a te, come membro dei grandi non battezzati, sarà permesso di conservare il tuo oro, non se questo colosso continua a muoversi.

Ricordo le parole di mio padre, che aveva vissuto tutto questo: "L'unica cosa che non possono toglierti è la tua educazione".

Solo il sistema della Federal Reserve è stato progettato per sopravvivere e rilevare tutte le attività e le attività bancarie. **Solo le banche della Federal Reserve e quelle selezionate e controllate dalla Federal Reserve potevano riaprire.** La Federal Reserve è stata inoltre indennizzata dal governo (cioè dal pubblico) per le eventuali perdite.

E quindi, **la chiusura su larga scala delle banche e il prelievo dei depositi bancari non sono senza precedenti.** I detentori di contanti nelle banche sono creditori non garantiti senza alcun diritto esecutivo sui loro soldi.

È stato promesso che questa volta non ci sarà alcun salvataggio da parte dei contribuenti, come se fosse una buona cosa. Perché? **Semplicemente perché ciò consentirà di chiudere le banche anziché nazionalizzarle.** Quindi tutti i depositi e le attività verranno presi dalla "classe protetta" dei creditori garantiti. Questo è dove stiamo andando.

Alcune persone benestanti potrebbero pensare di nascondersi da tutto ciò mantenendo i loro soldi presso le banche "troppo grandi per fallire". Forse sembrerà che ci siano riusciti durante le prime fasi della crisi bancaria. Tuttavia, **questo "cambio di regime" è progettato per essere onnicomprensivo.**

Normalmente, le filiali di deposito dovrebbero essere abbastanza sicure. Ma è stata elaborata una strategia affinché le filiali che accettano depositi delle "banche troppo grandi per fallire" possano andare in bancarotta separatamente quando sarà il momento. Come possiamo saperlo?

La Fed ha il potere di concedere esenzioni a qualsiasi banca per spostare i derivati in filiali di raccolta depositi, e lo ha fatto. È stato testato, e su larga scala. Apparentemente **la Fed lo fa facilmente e** unilateralmente concedendo esenzioni alla Sezione 23A del *Federal Reserve Act*.

Ecco alcuni estratti da un articolo di *Bloomberg News* del 2011[12]):

Bank of America Corp., colpita da un downgrade del credito il mese scorso, ha spostato i derivati dalla sua unità Merrill Lynch a una filiale con depositi assicurati, secondo persone con conoscenza diretta della situazione.

La Fed ha segnalato che è favorevole allo spostamento dei derivati per dare sollievo alla holding bancaria ... La holding della Bank of America, madre sia della banca al dettaglio che dell'unità titoli Merrill Lynch, deteneva quasi 75 trilioni di dollari di derivati alla fine di giugno ... Circa 53 trilioni di dollari, ovvero il 71%, erano all'interno della Bank of America NA, secondo i dati, che rappresentano i valori nozionali delle operazioni.

Ciò si confronta con l'entità di raccolta depositi di JPMorgan, JPMorgan Chase Bank NA, che conteneva il 99% dei 79 trilioni di dollari di derivati nozionali della società con sede a New York...

Lo spostamento di contratti derivati tra unità di una holding bancaria è limitato dalla Sezione 23A del Federal Reserve Act, che è concepito per impedire alle affiliate di un finanziatore di beneficiare del suo sussidio federale e per proteggere la banca da rischi eccessivi originati dall'affiliata non bancaria, ha affermato Saule T. Omarova, professoressa di diritto presso l'Università della Carolina del Nord presso la Chapel Hill School of Law. ...

Nel 2009, la Fed ha concesso esenzioni ai sensi della Sezione 23A ai rami bancari di Ally Financial Inc., HSBC Holdings Plc, Fifth Third Bancorp, ING Group NV, General Electric Co., Northern Trust Corp., CIT Group Inc., Morgan Stanley e Goldman Sachs Group Inc., tra gli altri ...

Ed ecco alcuni estratti da un altro articolo sullo stesso argomento[13]):

---

[12] B. Ivry, H. Son e C. Harper. *BofA Said to Split Regulators Over Moving Merrill Contracts.* 2011. URL: https://www.bloomberg.com/news/articles/2011-10-18/bofa-said-to-split-regulators-over-moving-merrill-derivatives-to-bank-unit.

[13] A. Goodman. *Bank Of America Dumps $75 Trillion In Derivatives On U.S. Taxpayers With Federal Approval.* 2011. URL: https://seekingalpha.com/article/301260-bank-of-america-dumps-75-trillion-in-derivatives-on-u-s-taxpayers-with-federal-approval.

8 Vacanze bancarie

> *Bank of America (NYSE:BAC) ha spostato circa **22mila miliardi di dollari** di obbligazioni in derivati da Merrill Lynch e dalla holding BAC alla divisione depositi assicurati al dettaglio della FDIC. Insieme a queste informazioni è arrivata la rivelazione che l'unità assicurata dalla FDIC era già piena di questi obblighi potenzialmente tossici per un valore di 53.000 miliardi di dollari, per un totale di 75.000 miliardi di dollari.*
>
> *Tutto questo ha la benedizione della Federal Reserve, che ha approvato il trasferimento dei derivati da Merrill Lynch all'unità di vendita al dettaglio assicurata di BAC prima che fosse fatto.*
>
> *Questo non è un caso isolato. A JP Morgan Chase (JPM) è stato consentito di ospitare i suoi obblighi derivati instabili all'interno della sua unità bancaria al dettaglio assicurata dalla FDIC. Altre grandi banche fanno lo stesso.*

Tenete a mente, quando osservate la portata delle posizioni in derivati in queste singole banche, che la dimensione dell'intera economia globale era di circa **74 trilioni di dollari nel 2011**. Quindi le singole banche avevano portafogli di derivati delle dimensioni dell'intera economia globale, e sli hanno spostati nelle loro filiali di raccolta depositi con l'approvazione della Fed.

Perché è stato testato su così larga scala? Sembra che siano piuttosto seri riguardo a qualcosa. L'intento è quello di rendere più sicure le filiali che raccolgono depositi? **Qual è il vero scopo?**

Utilizzato al momento opportuno, ciò assicurerà il collasso delle filiali di raccolta di depositi delle banche "troppo grandi per fallire", consentendo il prelievo del denaro in modo completo, anche dai depositanti in queste filiali di raccolta depositi, senza lasciare sostanzialmente denaro da nessuna parte e nessuna sacca di resilienza o di potenziale resistenza. Nel frattempo, nel caos della conseguente ondata globale di insolvenze, costellata di inventate minacce esistenziali, la "classe protetta" delle holding bancarie e delle loro filiali progettate per la continuazione non solo sopravvivrà, ma prospererà, sequestrando sostanzialmente tutte le garanzie collaterali. Questo sarà presentato come un imperativo, vale a dire che LORO devono sopravvivere ed essere forti per il bene dell'umanità, in modo che il sistema possa ricominciare e tutti noi possiamo andare avanti. Le persone saranno disperate e vorranno semplicemente che il terrore finisca.

Quale foglia di fico avranno i depositanti per proteggersi dalla "classe protetta"?

Il Fondo di assicurazione dei depositi (DIF) della Federal Deposit Insurance Corporation (FDIC) era di 128,2 miliardi di dollari al 31 dicembre 2022. La FDIC è tenuta a finanziare il DIF fino all'1,35% dei depositi assicurati. Il DIF può essere esaurito, e in effetti è stato completamente esaurito due volte: nella crisi del risparmio e dei prestiti e nella crisi finanziaria globale. In questi casi, alla FDIC è stato consentito di prendere in prestito fondi dalla Federal Financing Bank. **La FDIC ha una linea di credito con il Tesoro fino a 100 miliardi di dollari. Se questa linea di credito fosse completamente utilizzata, le risorse totali ammonterebbero a 228 miliardi di dollari (circa il 2% dei depositi assicurati).** Quindi, se l'intero sistema bancario è insolvente, i depositanti "assicurati" ricevono **2 centesimi per dollaro**. Ciò non andrà lontano in una crisi bancaria diffusa, o se la filiale di raccolta depositi di una grande banca fallisce, ad esempio, Bank of America e JP Morgan hanno rispettivamente **oltre 2 trilioni di dollari e 2,5 trilioni di dollari di depositi.**

In Europa, l'unione bancaria è stata avviata nel 2012 presumibilmente come risposta alla "crisi dell'Eurozona"; ciò ha trasferito la responsabilità della politica bancaria dal livello nazionale a quello dell'UE in 21 paesi. **La Svezia finora ha resistito alle pressioni della propria banca centrale affinché aderisse all'unione bancaria; Danimarca e Polonia hanno firmato ma non hanno ancora ratificato il trattato.**

L'obiettivo, a mio avviso, era quello di creare un costrutto, il cui obiettivo è **impedire la stabilizzazione delle banche attraverso la nazionalizzazione**, con il semplicistico pretesto che, poiché la liquidazione delle banche sarà gestita interamente privatamente, nessun fondo dei contribuenti dovrà essere usato.

I poteri di risoluzione sui sistemi bancari rilevati, tra cui circa 3.000 banche e altri istituti finanziari, sono stati conferiti a un'autorità di risoluzione, il Comitato di risoluzione unico (*Single Resolution Board* – SRB), che attuerà un meccanismo di risoluzione unico.

Per l'esercizio dei poteri di risoluzione sarà utilizzato un Fondo di risoluzione unico (*Single Resolution Fund* – SRF). Lo SRF è composto dai contributi degli enti creditizi e di alcune imprese di investimento negli Stati membri partecipanti all'Unione bancaria.

Lo SRF deve, per legge, raggiungere il livello obiettivo di almeno l'1% dei depositi coperti entro il 31 dicembre 2023, data in cui si intende che il regime di assicurazione dei depositi sarà completamente mutualizzato tra gli Stati membri. Si prevede che a quel punto l'SRF ammonterà a circa 80 miliardi di euro. Una linea di credito rotativa del Meccanismo Europeo di Stabilità (MES) corrisponderà all'SRF, aumentando la copertura totale al 2% dei depositi coperti (circa **160 miliardi di euro**), e raggiungendo così l'armonizzazione con il **livello di copertura del 2% dei depositi** negli Stati Uniti.

L'obiettivo dell'SRB è ora quello di acquisire e incorporare nell'SRM i sistemi nazionali di garanzia dei depositi (DGS) preesistenti. L'SRB ha un problema con qualcosa chiamato ***Super Priority***. In caso di fallimento, i crediti con super priorità si collocano allo stesso livello o addirittura al di sopra di quelli dei creditori privilegiati. L'SRB ha affermato che "la super priorità dei DGS rende di fatto irrealistico l'utilizzo dei fondi dei DGS nella risoluzione"[14]).

L'SRB ha inoltre affermato che "è favorevole all'eliminazione della superpriorità dei DGS e all'adozione di una preferenza generale per i depositanti". Perché si oppongono alla super priorità per i DGS? Anche se questi fondi sono piuttosto piccoli, con super priorità, i fondi utilizzati dai DGS nazionali verrebbero sicuramente recuperati dalle attività della banca e quindi potrebbero essere riutilizzati. Ciò darebbe ai DGS nazionali un posto al tavolo insieme ai creditori garantiti senior, coinvolgendo potenzialmente lo Stato in ogni processo di risoluzione; l'SRB non lo vuole assolutamente. Stanno tentando di forzare un accordo sul fatto che questi fondi saranno trattati come una preferenza generale dei depositanti, il che porrebbe tali fondi appena davanti ai creditori non garantiti, ma dietro ai creditori garantiti. In pratica ciò significa che **i fondi non verrebbero recuperati e verrebbero spazzati via al primo grande fallimento**. Questo sembra essere l'obiettivo. **La super priorità è riservata solo alla "classe protetta". Al pubblico può essere concessa solo un'apparenza di protezione.**

Il Comitato di risoluzione unico ha ordinato alle banche più grandi di prepararsi alla liquidazione dei solventi (SWD). Ancora una volta, sembra una buona cosa, ma **data l'entità della bolla, ciò non può**

---

[14] Single Resolution Board. *A blueprint for the CMDI framework review*. 2021. URL: https://www.srb.europa.eu/system/files/media/document/2021-05-18_srb_views_on_cmdi_1.pdf.

significare la solvibilità dell'intero sistema bancario. Ritengo che ciò significhi la preparazione di alcune parti delle banche più grandi a rimanere solvibili.

Ecco alcuni estratti dalla nota dell'SRB "Solvent Wind-Down of Trading Books (Guidance for Banks, 2022)"[15]):

> *Si prevede che tutte le G-Sib [banche di importanza sistemica globale] lavoreranno alla pianificazione SWD come priorità RPC [Resolution Planning Cycle] 2022.*
>
> *Altre banche saranno identificate e contattate nel corso del 2022 in seguito a un'ulteriore valutazione dell'importanza dei loro portafogli di negoziazione, per lavorare sulla pianificazione del documento di lavoro come priorità dell'RPC 2023.*
>
> *Si prevede che i G-Sib si preparino a pianificare e garantiscano che le capacità siano pronte a soddisfare le aspettative del "Day-1" nel 2022, mentre le altre banche contattate nel 2022 dovrebbero soddisfarle nel 2023.*
>
> *Le banche dovrebbero adottare tutte le misure necessarie per garantire che tutte le aspettative relative al SWD del "giorno 1" siano attuate in tempo.*

Ecco ulteriori estratti dal "Programma di lavoro 2023" dell'SRB[16]):

> *Il programma di lavoro 2023 dell'SRB si colloca in un contesto di grande incertezza. Mentre l'inizio del 2022 ha visto le economie iniziare ad emergere dalla pandemia, il 2023 vedrà ulteriori sfide, in parte derivanti dall'aggressione russa in Ucraina. L'aumento dei costi energetici ha portato a un'inflazione a due cifre in molte parti dell'Unione bancaria. Ora più che mai è importante finalizzare il lavoro sulla possibilità di risoluzione delle crisi bancarie e garantire che tutti gli obiettivi stabiliti nelle aspettative dell'SRB per le banche siano raggiunti prima della fine dell'anno. Questa era la data-obiettivo iniziale e siamo sulla buona strada per raggiungerla.*

---

[15] Single Resolution Board. *Solvent Wind-Down of Trading Books (Guidance for Banks, 2022)*. 2021. URL: https://www.srb.europa.eu/system/files/media/document/2021-12-01_Solvent-wind-down-guidance-for-banks.pdf.

[16] Single Resolution Board. *Work Programme 2023*. 2022. URL: https://www.srb.europa.eu/system/files/media/document/2022.3702_Work%20Programme%202023_Final%20version_web_0.pdf.

8 Vacanze bancarie

> *Nei prossimi dodici mesi l'attenzione dell'SRB si sposterà dalle fasi più generali di elaborazione e messa a punto dei piani di risoluzione alla garanzia che ciascun piano e la strategia di risoluzione preferita per ciascuna banca siano attuabili in breve tempo.*
>
> *Allo stesso tempo, la preparazione alle crisi deve essere ulteriormente rafforzata per dotare l'SRB di tutti gli strumenti necessari per reagire a una crisi imminente, attuare un programma di risoluzione e gestire l'eventuale ristrutturazione necessaria della banca.*
>
> *È chiaro che la via da seguire è costituita da misure europee più armonizzate, anziché rinazionalizzare e indebolire gli strumenti europei di stabilità finanziaria.*
>
> *Tuttavia, ci saranno sempre delle perdite quando una banca si trova nei guai. La risoluzione non è una soluzione miracolosa, ma consiste piuttosto nell'attribuire e condividere le perdite subite da una banca ...*
>
> *L'anno 2023 sarà l'ultimo di un periodo transitorio per la definizione dei principali elementi del quadro di risoluzione nell'Unione bancaria.*

Sembra che ci stiamo avvicinando molto allo spettacolo!

Un'indicazione dell'estrema serietà dei poteri costituiti può essere vista nel comunicato stampa dell'SRB del 2022, "I presidi degli Stati Uniti, dell'Unione bancaria europea e delle autorità finanziarie del Regno Unito si incontrano per un regolare esercizio di coordinamento sulla pianificazione della risoluzione transfrontaliera"[17]):

> *I capi delle autorità di risoluzione, di regolamentazione e di vigilanza, le banche centrali e i ministeri delle finanze di Stati Uniti, Regno Unito e Unione bancaria europea sono tra i leader che parteciperanno all'esercizio trilaterale a livello principale sabato 23 aprile 2022. L'incontro fa parte di una serie di esercitazioni e scambi regolari tra i dirigenti di queste principali autorità del settore finanziario per migliorare la comprensione del regime di risoluzione di ciascuna giurisdizione per le banche di rilevanza sistemica globale e per rafforzare il coordinamento sulla risoluzione transfrontaliera.*

---

[17] Single Resolution Board. *Principals of U.S., European Banking Union, and U.K. Financial Authorities Meet for Regular Coordination Exercise on Cross-Border Resolution Planning.* 2022. URL: `https://www.srb.europa.eu/en/content/principals-us-european-banking-union-and-uk-financial-authorities-meet-regular-coordination`.

> *Questo esercizio si basa su sei precedenti eventi transfrontalieri a livello principale risalenti al 2014, a cui hanno aderito le autorità dell'Unione bancaria europea nel 2016.*
>
> *Dagli Stati Uniti, tra i partecipanti dovrebbero figurare il Segretario del Tesoro, il Presidente del Consiglio dei Governatori del Federal Reserve System, il Presidente della* Federal Reserve Bank *di New York, il Presidente ad interim della Federal Deposit Insurance Corporation, il presidente della Securities and Exchange Commission, il controllore ad interim della valuta, il presidente dell'Ufficio per la protezione finanziaria dei consumatori e il presidente della Commodity Futures Trading Commission. Tra i partecipanti dell'Unione bancaria europea figurano esponenti del Comitato di risoluzione unico, della Commissione europea e della Banca centrale europea. Tra i partecipanti del Regno Unito figurano esponenti del Ministero del Tesoro e della Banca d'Inghilterra.*

Questo livello di attenzione da parte degli Stati Uniti è estremamente insolito. Non ho mai visto accadere nulla del genere, figuriamoci sette volte in otto anni. È quasi come se stessero progettando qualcosa di molto serio.

Il Consiglio Atlantico è un *think tank* che "crea un luogo di incontro" per capi di stato, leader militari e istituzionali. È membro dell'Associazione del Trattato Atlantico, un'organizzazione ombrello, che riunisce leader politici, accademici, funzionari militari e diplomatici per sostenere l'Organizzazione del Trattato Nord Atlantico (NATO).

Il focus del Consiglio Atlantico è la strategia militare, non l'economia. E su cosa si sta concentrando ora il Consiglio Atlantico? Sulla Valuta Digitale delle Banche Centrali (Central Bank Digital Currency - CBDC), che è sostenuta da denaro virtuale ed è emessa direttamente dalle banche centrali.

L'Atlantic Council dispone di un ottimo tracker CBDC[18]). Qui si può vedere che, al momento della stesura di questo articolo, le banche centrali di 114 paesi che rappresentano il 95% dell'economia globale stanno lavorando sulla CBDC, che 11 paesi hanno lanciato completamente la valuta digitale, che tutte le economie del G7 sono ora entrate

---

[18] Atlantic Council. *Central Bank Digital Currency Tracker*. 2023. URL: https://www.atlanticcouncil.org/cbdctracker/.

nella fase di sviluppo di CBDC e che 18 paesi del G20 sono ora in una fase avanzata di sviluppo.

Perché questo sta accadendo ora a livello globale? Si tratta davvero del desiderio di portare "l'inclusione finanziaria" alle persone svantaggiate?

Perché il Consiglio Atlantico, un *think tank* di strategia militare, dovrebbe concentrarsi sulle CBDC? Viviamo in una guerra ibrida globale, una componente della quale sarà il collasso dei sistemi bancari, monetari e di pagamento a livello globale.

Gli obiettivi della guerra saranno raggiunti con mezzi diversi dalla guerra cinetica. **L'obiettivo principale delle persone che hanno controllato privatamente le banche centrali e la creazione di moneta è quello di rimanere al potere, per sempre. Non possono rischiare sacche di resistenza.**

Augustin Carstens è il direttore generale della Banca dei regolamenti internazionali (BRI). Si possono vedere i seguenti commenti, che sono "diventati virali", subito dopo i ventiquattro minuti nel video dell'incontro virtuale intitolato "Pagamenti transfrontalieri: una visione per il futuro"[19]):

> *Non sappiamo ... chi usa oggi una banconota da 100 dollari e non sappiamo chi usa oggi una banconota da 1.000 pesos. La differenza fondamentale con la CBDC è che* **la banca centrale avrà il controllo assoluto** *sulle norme e sui regolamenti che determineranno l'uso di tale espressione di responsabilità della banca centrale, e inoltre avremo la tecnologia per applicarla.*

In altre parole: CBDC significa controllo assoluto.

E così, se il "vecchio" sistema monetario in qualche modo dovesse crollare, le banche centrali forniranno nuova moneta sotto forma di Central Bank Digital Currency (CBDC), il nuovo e migliorato sistema di controllo.

Immagina ... è il caos. Hai perso tutto tranne il tuo smartphone (se non ne hai uno, non preoccuparti, te ne verrà rilasciato uno). Scaricherai un'app. Farai clic sulle caselle accettando tutto. Diventerai sempre più indebitato per ogni pagamento che effettuerai utilizzando il CBDC che

---

[19] International Monetary Fund. *Cross-Border Payments—A Vision for the Future.* 2020. URL: https://meetings.imf.org/en/2020/Annual/Schedule/2020/10/19/imf-cross-border-payments-a-vision-for-the-future.

ti viene "dato" sul tuo telefono. **Ti verrà detto cosa fare e cosa non fare da quel momento in poi. Tu obbedirai se vorrai mangiare.**

Capitolo 9

La Grande Deflazione

> La saggezza arriva solo attraverso la sofferenza.
>
> Eschilo

Sono andato alla Biblioteca pubblica di Cleveland e ho sfogliato i vecchi registri dei prezzi delle materie prime e delle azioni che risalgono al 19° secolo. Ho scoperto che, negli anni '30, tutte le materie prime, con la sola eccezione dell'oro, toccavano i minimi dei sessant'anni precedenti. La maggior parte delle aziende pubbliche ha cessato di esistere. Erano andati in bancarotta. Gli azionisti furono spazzati via. I beni sono stati presi dai creditori garantiti: le banche selezionate dal Federal Reserve System.

I livelli dei prezzi non si sono ripresi per decenni.

Nel 1923, nonno Rogers, il chirurgo che era stato nella prima unità medica americana durante la Grande Guerra, acquistò tre lotti abitativi a *Shaker Heights*, un nuovo sobborgo esclusivo di Cleveland. Queste proprietà sarebbero aumentate di valore nel corso degli anni '20. Nel 1929 il mercato azionario crollò. Probabilmente era piuttosto contento di non aver venduto i lotti e di non aver investito il denaro in borsa. Nel 1933, quando le banche furono chiuse, probabilmente fu molto contento di non aver venduto i lotti e di non aver messo i soldi nelle banche. Nel 1952, tre decenni dopo, la sua vedova vendette finalmente i lotti per un terzo di quanto nonno Rogers aveva pagato per averli nel 1923. Ciò non accadde perché *Shaker Heights* fosse economicamente depressa nel 1952. *Shaker Heights* era, negli anni '50 e nei primi anni Anni '60, statisticamente, il sobborgo più ricco degli Stati Uniti.

Nel 1905, il deposito di carbone del mio bis-bisnonno, fu valutato in una stima bancaria a 126.000 dollari. Mio nonno costruì nella proprietà negli anni '20 un moderno edificio industriale con pesanti montacarichi sospesi che divenne la sede di *Webb Equipment*, l'azienda di gru e montacarichi. Dopo la morte di mio padre nel 1981, questa proprietà, con attrezzature e materiali, fu venduta per meno di 80.000 dollari. Questo avvenne dopo tre quarti di secolo.

Ulteriore conferma della persistenza della deflazione si trova in questo articolo di Tom Nicholas e Anna Scherbina intitolato "I prezzi dei beni immobili durante i ruggenti anni venti e la grande depressione"[1]):

> *Utilizzando dati unici sulle transazioni immobiliari, costruiamo gli indici dei prezzi edonistici nominali e aggiustati per l'IPC per Manhattan dal 1920 al 1939. L'indice aggiustato per l'IPC cade durante la recessione che seguì la prima guerra mondiale, sale a un picco locale nel 1926 e diminuisce nuovamente dopo il crollo della bolla immobiliare della Florida. Successivamente si riprende fino a raggiungere il suo valore più alto alla fine del 1929 prima di crollare del 74% alla fine del 1932 e rimanere attorno a quel valore fino al 1939. Una tipica proprietà acquistata all'inizio del 1920 avrebbe mantenuto solo il 41% del suo valore iniziale nei due decenni successivi.*

E questa era Manhattan!

Si consideri che nel periodo compreso tra gli anni '20 e gli anni '50 (più di tre decenni), vi fu una scarsa ripresa del livello dei prezzi. Pensate ai fattori di domanda assolutamente massicci presenti in quei decenni:

- l'elettrificazione e tutto ciò che essa consente (es. refrigerazione, elettrodomestici di ogni genere, macchinari industriali);
- l'automobile e la conseguente costruzione del sistema autostradale e della suburbanizzazione;
- le telecomunicazioni (telefono, radio, televisione);
- il trasporto aereo;
- una guerra globale, seguita dalla guerra di Corea e dalla corsa agli armamenti della Guerra Fredda;
- la crescita demografica.

---

[1] T. Nicholas e A. Scherbina. *Real Estate Prices During the Roaring Twenties and the Great Depression*. 2009. URL: https://www.fordham.edu/download/downloads/id/3461/2010_spring_2_annapdf.pdf.

9 La Grande Deflazione

Al momento non sono presenti tali fattori di domanda. E 'proprio l'opposto. L'intelligenza artificiale (AI) e la robotica sono intrinsecamente deflazionistiche. Ci viene detto che le persone non sono necessarie. Forse è un po' deflazionistico.

L'"inflazione" a cui stiamo assistendo ora non è dovuta alla forza dell'economia globale. Il problema irrisolvibile di fondo del nostro tempo non è l'inflazione ma la deflazione. L'"inflazione" è illusoria; è creato da una massiccia svalutazione del denaro e da una scarsità artificiale (si considerino le implicazioni del sabotaggio del Nordstream).

Forse hai sentito parlare della "bolla di tutto". Che cos'è?

Spiegherò semplicemente l'orrore di tutto ciò. Prendiamo l'esempio di un'obbligazione singola senza scadenza fissa, ovvero una rendita perpetua. Questa obbligazione paga un dividendo annuo fisso di $ 5. Se il tasso di interesse di mercato è del 5%, questa obbligazione ha un valore di $ 100. Se la Fed abbassa i tassi di interesse in modo tale che il tasso di interesse di mercato per questa obbligazione sia ora dell'1%, cosa succede al valore della rendita perpetua? Il dividendo fisso di 5 dollari rimane invariato. Dato che 5 è l'1% di 500, il valore della rendita perpetua aumenta di cinque volte arrivando a $500. Ora, se la Fed riporta i tassi di mercato al 5%, il valore della rendita perpetua che paga un dividendo fisso di 5 dollari ritorna a 100 dollari, e quindi si verifica un calo di valore dell'80%. È matematica di base.

L'intero complesso finanziario globale è, essenzialmente, una grande rendita perpetua, cioè uno strumento finanziario senza data di scadenza fissa. I prezzi di tutti gli strumenti a reddito fisso sono determinati dai tassi di interesse e tutti i valori del mercato azionario e degli immobili commerciali sono guidati in modo simile.

La Fed ha creato la "bolla universale" con la giustificazione di combattere la crisi finanziaria globale, che ovviamente l'aveva creata anche la stessa Fed, abbassando il tasso dei fondi Fed dal 5% a quasi zero, e poi mantenendolo vicino allo zero per la maggior parte degli ultimi 15 anni. La Fed ha ora aumentato il tasso sui fondi federali da quasi zero nell'aprile 2022 a oltre il 5,00% in un solo anno.

Che il declino dei mercati finanziari e immobiliari globali sarà massiccio è ormai certo. Questa torta è cotta. I guadagni finanziari degli ultimi 15 anni sono stati un'illusione. Alcuni si consolano pensando che le perdite possono essere coperte nel mercato dei derivati. Se così fosse, le perdite non scomparirebbero. Sono ora nel complesso dei derivati. Le perdite epiche si concentreranno sui bilanci dei PCC che, come abbiamo visto, sono progettati per fallire.

Alcuni si consolano nel dire che la Fed abbasserà nuovamente i tassi quando saranno costretti a farlo. Avete notato che non abbassano i tassi nonostante i primi fallimenti bancari? Questo è solo l'inizio di tali fallimenti, visti i calcoli di base spiegati sopra. **La Fed sta aumentando drasticamente i tassi a causa della debolezza economica e della crisi bancaria. Questo è esattamente ciò che è stato fatto durante la Grande Depressione. E lo fanno con la bizzarra e crudele giustificazione di combattere la crescita dei salari!**

Quando la "bolla di tutto" sarà implosa, ci troveremo ad affrontare una depressione deflazionistica, che durerà molti anni, persino decenni.

L'imminente Grande Deflazione è intrinseca alla Grande Stangata.

Gli Architetti della Grande Stangata hanno pianificato e si sono preparati a utilizzare questa dinamica pienamente, sicuri nella loro consapevolezza che, poiché la notte segue il giorno, una deflazione massiccia e prolungata seguirà sicuramente l'epico super ciclo di espansione del debito, da loro creato.

Gli Architetti hanno assicurato che solo loro sono nella posizione di prendere tutto, e che tu e i tuoi figli siete posizionati dall'altra parte, cioè, di perdere tutto, di esserne schiavi e perfino distrutti. Le persone verranno abbattute e non saranno in grado di rialzarsi. Ciò è intenzionale, poiché la popolazione è stata sistematicamente incoraggiata ad indebitarsi profondamente. Coloro che gli dèi vorrebbero distruggere, per prima cosa li costringono a prendere in prestito a bassi tassi di interesse!

Come durante la Grande Depressione, una deflazione prolungata farà sì che le persone indebitate non saranno in grado di ripagare le rate dei propri debiti, per non parlare di ripagarli. Saranno intrappolati. Verranno sequestrate tutte le proprietà e le imprese finanziate con il debito.

Con una deflazione profonda e persistente che si protrarrà per molti anni, il debito diventa una potente arma di conquista.

Il debito non è una cosa reale. È un'invenzione, un costrutto progettato per poter prendere cose reali.

È istruttivo guardare al significato più profondo della parola *debito*.

Gli etimologi ritengono che la radice della parola sia un'antica parola proto-indoeuropea, *ghabh*, che significa dare, trattenere o ricevere.

9 La Grande Deflazione

Si trova, ad esempio, nel sanscrito *gabhasti* (mano, avambraccio); il latino *habere* (avere, trattenere, possedere); nell'antico inglese *giefan* e nell'antico norvegese *gefa* (dare), e nell'attuale svedese *ger* (dare)[2].

Tuttavia, il prefisso latino, *de*, che significa fare il contrario, o disfare, o togliere totalmente e completamente (si pensi alla parola *decapitare*), nega completamente questo dare, avere o trattenere. Sempre secondo il Dizionario Etimologico Online[3]), la parola latina *debere* significa "'dovere', originariamente 'tenere qualcosa lontano da qualcuno', da *de* 'allontanare' + habere 'avere'". Nel latino medievale il significato di *habere* era "beni, capitale, investimento"[4]).

Il punto è che *il debito* ha avuto per secoli la funzione di espropriare, di togliere a qualcuno proprietà, capitali e investimenti.

Possiamo chiaramente vedere nei loro preparativi deliberati nel corso di decenni per *assumere un impegno su vasta scala* che non ci sarà alcuna remissione del debito. Le società antiche conoscevano la pratica del *giubileo dei debiti*, cioè della remissione integrale dei debiti; è stato emanato ripetutamente nell'interesse del benessere umano generale. Al momento non è prevista la remissione del debito. Ma a quale scopo dovrebbero servire le costruzioni e le istituzioni artificiali della società, se non al benessere umano? Cosa deve preoccupare in modo vitale ciascuno di noi, se non il benessere umano?

I poteri costituiti hanno progettato un elaborato costrutto legale per impedire ai singoli stati di ordinare alle proprie banche centrali di creare moneta per proteggere i depositanti. **Se si possono creare migliaia di miliardi per salvare le banche private, lo stesso potrebbe certamente essere fatto per salvare i depositanti come imperativo sociale.** Il fatto che ciò non venga fatto è un segno del vero intento: **deprivazione e sottomissione.**

Questo "Grande Reset" è antiumano. Si intende stabilire un sistema qualcosa di simile al feudalesimo perpetuo, in cui la popolazione è tenuta in uno stato di privazione e paura con la vuota promessa di sicurezza.

---

[2] Online Etymology Dictionary. **ghabh-*. 2023. URL: https://www.etymonline.com/search?q=ghabh.

[3] Online Etymology Dictionary. *debt (n.)* 2023. URL: https://www.etymonline.com/word/debt.

[4] Wiktionary. *'habere' (Latin)*. 2023. URL: https://en.wiktionary.org/wiki/habere.

Svegliati! Viviamo all'interno di un racket della protezione, in cui i "protettori" terrorizzano i "protetti". **Coloro che presumibilmente ci proteggono dai "cattivi" SONO I CATTIVI RAGAZZI!**

Capitolo 10

Conclusione

> Lascia che ogni anima si sottometta all'autorità dei poteri superiori. Non esiste potere se non quello di Dio. I poteri costituiti sono ordinati da Dio.
>
> Bibbia di Tyndale (1526)

Per i suoi sforzi nel tradurre alcuni testi nell'inglese dell'epoca, William Tyndale fu imprigionato in un castello appena fuori Bruxelles e poi giustiziato per strangolamento, dopo di che il suo corpo fu bruciato sul rogo.

Forse qualcuno potrebbe, ad un certo punto, arrivare a chiedersi se i "poteri costituiti" siano ordinati da Dio. Si può facilmente sapere che conducono guerre contro persone innocenti.

Curtis Lemay ha detto notoriamente:

Non ci sono civili innocenti. È il loro governo e stai combattendo un popolo, non stai più cercando di combattere una forza armata. Quindi non mi dà molto fastidio uccidere i cosiddetti passanti innocenti.

Come essere umano, questo non dovrebbe preoccuparti? Quale parte del massacro organizzato di un gran numero di persone innocenti trovi accettabile? Credi di essere speciale in qualche modo, che sei stato protetto o che lo sarai ora?

Ci sono state abbondanti prove di un grande male all'opera nel mondo, nel corso dei tempi e nel nostro tempo presente. Desideri davvero ignorarne l'esistenza e il funzionamento?

C'è un'interconnessione di tutte le cose. Se non vi interessano le palesi bugie, la morte di bambini innocenti, i bombardamenti delle città, la repressione del dissenso, la propaganda, l'escalation del terrorismo, in cui, stranamente, le persone innocenti sono sempre e ovunque il bersaglio, prima o poi arriverà per te, o per i tuoi figli, o per i tuoi nipoti. Se lo sai e non fai nulla al riguardo, o non dici nulla al riguardo, è il momento.

È ora di iniziare a collegare i punti, perché portano a te.

Se sei tra i ricchi, potresti presumere che, poiché il sistema vi ha permesso di accumulare ricchezza, sarete protetti in qualche modo, o che siate speciali. Sei speciale. Ti stanno conservando per il dessert.

Vi è stato permesso di inseguire i profitti mentre il benessere e la resilienza del vostro popolo sono stati ampiamente e sistematicamente eliminati. Ci sono mostri sotto le scale che mangiano persone vive. Ma tu non vuoi guardare nel sottoscala, perché vuoi continuare a usare le scale.

Non sapere è brutto. Non voler sapere è peggio.

L'ignoranza volontaria dell'esistenza e del funzionamento del male è un lusso che nemmeno i ricchi possono più permettersi.

Siamo nella morsa del male più grande che l'umanità abbia mai affrontato (o che abbia rifiutato di riconoscere, a seconda dei casi). La guerra ibrida è illimitata. Non ha limiti. È globale ed è dentro la tua testa. Non finisce mai.

Niente concentra la mente come un'impiccagione imminente, o come disse originariamente Samuel Johnson: "Dipende da questo, signore, quando un uomo sa che sarà impiccato entro due settimane, concentra la sua mente in modo meraviglioso". La guerra ibrida può essere fermata. Fermarlo inizia nella tua mente.

Durante la Grande Guerra, Edward L. Bernays aveva collaborato con il Comitato per la Pubblica Informazione per "vendere" la guerra al pubblico. Nel 1928 pubblicò il suo libro "Propaganda"[1], in cui possiamo leggere questa affermazione sull'argomento:

Coloro che manipolano questo meccanismo invisibile della società costituiscono un governo invisibile che è il vero potere dominante del nostro Paese.

La manipolazione psicologica sistematica della società, iniziata con i mali della Grande Guerra, è continuata senza sosta e si è intensificata

---

[1] E. L. Bernays. *Propaganda.* Horace Liveright, NY, 1928. URL: https://archive.org/details/bernays-edward-l.-propaganda-1928-1936_202107/.

al punto che ora siamo soggetti a operazioni psicologiche continue e a spettro completo.

Ottantuno anni dopo la pubblicazione del libro di Bernays, Chris Hedges scrisse quanto segue[2]):

> *Un pubblico che non riesce più a distinguere tra verità e finzione è lasciato a interpretare la realtà attraverso l'illusione. Fatti casuali o frammenti oscuri di dati e curiosità vengono utilizzati per rafforzare l'illusione e conferirle credibilità, oppure scartati se interferiscono con il messaggio ...*
>
> *Quando le opinioni non possono essere distinte dai fatti, quando non esiste uno standard universale per determinare la verità nel diritto, nella scienza, negli studi o nel riportare gli eventi del giorno, quando l'abilità più apprezzata è la capacità di intrattenere, il mondo diventa un luogo dove le bugie diventano realtà, dove le persone possono credere a ciò che vogliono credere. Questo è il vero pericolo degli pseudo-eventi e gli pseudo-eventi sono molto più perniciosi degli stereotipi. Non spiegano la realtà, come tentano di fare gli stereotipi, ma sostituiscono la realtà. Gli pseudo-eventi ridefiniscono la realtà secondo i parametri stabiliti dai loro creatori. Questi creatori, che realizzano enormi profitti vendendo illusioni, hanno un interesse acquisito nel mantenere le strutture di potere che controllano.*

Le persone dietro le guerre **non sono mai** state indagate e rimosse dal potere. Hanno continuato ad avere il controllo di tutte le banche centrali e della creazione di moneta, e hanno esteso il loro controllo a livello globale.

Certamente molti di coloro che hanno contribuito a ciò ignorano il disegno più grande. Ma le persone dietro le guerre sono, letteralmente, assassini bugiardi e ladri, e lo sanno. Dire che ci sono molte prove di ciò è un eufemismo. Forse non hanno ucciso con le proprie mani uomini, donne e bambini innocenti, ma hanno deliberatamente causato queste morti. Che ciò avvenga con intenzione lo si può capire dalla persistenza della loro pianificazione e delle loro azioni nel corso di molti decenni. Anche se la portata e l'audacia di questa criminalità ci sembrano inimmaginabili, per loro nulla è inimmaginabile. La loro

---

[2] C. Hedges. *Empire of Illusion: the End of Literacy and the Triumph of Spectacle*. 2009. URL: https://www.worldcat.org/title/301887642.

criminalità ha ormai raggiunto una scala senza precedenti e definitiva, poiché il suo scopo è la sottomissione dell'intero globo e di tutte le persone.

Le guerre non sono sempre state tanto una questione di presa di cose quanto di **sottomissione delle popolazioni su tutti i fronti**. Vaste distruzioni e morte sono accettabili per i loro pianificatori. Potresti chiederti: come possono essere tenute insieme le persone che tramano ed eseguono piani così folli? Suggerisco che abbia qualcosa a che fare con **il potere vincolante della colpa condivisa, del patto criminale.** Gli autori sono tutti vincolati, esplicitamente o inconsciamente, dalle prove di atti vergognosi e traditori commessi contro il proprio popolo. Per loro la commissione del crimine è un totem di potere. Quanto più atroce è il crimine, tanto più potente è la forza vincolante.

Negli ultimi anni avete vissuto in una crescente guerra ibrida. A livello globale, abbiamo assistito a un palese controllo dei media e a campagne di propaganda; censura, compresi gli arresti di persone che parlano in pubblico; monitoraggio di tutte le comunicazioni elettroniche e tracciamento dei contatti fisici; requisiti di isolamento e mascheramento applicati brutalmente, con persone picchiate, ammanettate e arrestate, anche nelle loro case; sospensione dei servizi sanitari e indebolimento dei sistemi sanitari; requisiti di test invasivi per il lavoro e i viaggi; quarantena forzata dei viaggiatori; e quarantena forzata e "vaccinazione" della popolazione generale sana.

I governi abbandonarono ogni pretesa di democrazia e furono incoraggiati a praticare un aperto dispotismo. Non c'erano controlli di funzionamento su questo potere. **I tribunali non hanno fornito alcun aiuto al pubblico.**

I governi hanno ampiamente abusato dei diritti umani fondamentali, giustificandolo con la necessità di prevenire la diffusione delle malattie infettive, che in realtà sono moltissime, sempre presenti e in continua evoluzione. E così, questa giustificazione, se mantenuta, afferma **la fine della democrazia e la continuazione di un governo apertamente dispotico.**

Riesci a immaginare che potrebbe trattarsi di qualcosa di più di un virus?

Abbiamo assistito a progetti e tentativi reali per esercitare il controllo fisico sul corpo di ogni persona, a livello globale, e questo sta continuando[3]). Perché sta succedendo?

Farò un'affermazione sorprendente. Ciò non avviene perché il potere di controllo stia aumentando. È perché questo potere sta effettivamente crollando. Il "sistema di controllo" è entrato nel collasso.

Il loro potere è basato sull'inganno. I loro due grandi poteri ingannevoli, il denaro e i media, sono stati mezzi di controllo estremamente efficienti dal punto di vista energetico. Ma questi poteri sono ora in dilagante collasso. Questo è il motivo per cui si sono mossi urgentemente per istituire misure di controllo fisico. Tuttavia, il controllo fisico è difficile, pericoloso e ad alta intensità energetica. E così rischiano tutto. Rischiano di essere scoperti. Non è questo il sintomo della loro disperazione?

Dove si nasconderanno quando avranno tutte le risorse, quando avranno danneggiato tutta l'umanità e causato il risveglio di miliardi di persone attraverso la sofferenza?

Promuovono la convinzione di essere onnipotenti. Non lo sono. Tutto ciò che hanno avuto è il potere di stampare denaro. Il resto lo hanno usurpato all'umanità.

Mai prima d'ora un sistema ha beneficiato così pochi a scapito di così tanti. Tutto ciò non è intrinsecamente instabile e insostenibile?

Il controllo fisico, al contrario del dominio tramite l'inganno, richiede un'energia enorme. È possibile sostenere tutto questo distruggendo tutte le economie e abusando di tutte le persone, a livello globale?

Non sanno come "ricostruire meglio". Guardate la loro impronta nel mondo: la distruzione, la devastazione economica. Quando si tratta del mondo reale, sono eccezionalmente bravi in una sola cosa: mandare tutto a puttane. Poi dichiarano la loro vittoria e attribuiscono la colpa agli altri per l'orribile danno arrecato.

Ci è stato detto da Hobbes che la guerra è lo stato naturale dell'uomo (i mecenati di Hobbes erano "nobili"). Ma la guerra è naturale e inevitabile?

Come è sopravvissuta l'umanità? Pensaci. Gli esseri umani sono sopravvissuti uccidendosi a vicenda? È un ossimoro! La guerra è aberrante.

---

[3] D. Bell. *Amendments to WHO's International Health Regulations: An Annotated Guide.* 2023. URL: https://brownstone.org/articles/amendments-who-ihr-annotated-guide/.

10 Conclusione

Il 100% della sopravvivenza umana si basa sulla cooperazione. Non puoi sopravvivere da solo. Dipendi da tutti gli altri e da tutto il resto. Questa è sanità mentale. Questa è la realtà.

Tutte le organizzazioni che promuovono la guerra sono organizzazioni criminali. Le persone dietro di loro sono assassini di massa. Gli uomini e le donne che orchestrano il caos in un paese dopo l'altro sono criminali della peggior specie. **Le persone che eseguono gli ordini non sono eroi; sono criminali.**

Le persone che controllano questo sistema ovviamente non sono benevole. Non sono nobili. Non sono élite. Sono pazzi!

Sono l'antitesi di tutto ciò che potremmo apprezzare, ammirare e amare. Queste persone non rappresentano lo sviluppo umano o il futuro dell'umanità. Mancano delle qualità umane essenziali. Sono aberranti. L'antipatia per l'umanità è aberrante. Per il 99,99% della storia umana, sociopatici come questi non sarebbero sopravvissuti al prossimo inverno. La loro natura è stata scoperta e sono stati allontanati dal villaggio, per salvare il villaggio.

Oggi operano attraverso l'anonimato reso possibile dalla scala disumana dell'organizzazione sociale. Anche così, ciò non consentirà loro di continuare indefinitamente. Siamo entrati in un tempo in cui la loro natura viene riconosciuta. La conoscenza della loro esistenza è diventata inevitabile. La loro presa finirà, perché tutta l'umanità non può permettere che continui. Una volta riconosciuti, gli esseri umani si uniranno contro una minaccia esistenziale comune. Persone di ogni ceto sociale si uniranno alla causa comune. Ne siamo già stati testimoni.

La loro struttura di potere può e deve essere smantellata in modo non violento. Le "menti" non saranno ancora conosciute. Tuttavia, possono essere identificati gli individui e le organizzazioni vicini alle leve del potere (monetario, media, governo, "sanità", militare, polizia, legale, aziendale), che operano con intenti criminali nei confronti della massa dell'umanità. **La fedeltà di questi funzionari è instabile, guidata da meschini interessi personali.** Avvertendo direttamente e personalmente queste persone che le loro azioni sono documentate e soggette a procedimento penale, potrebbero essere costrette a rifiutare un ulteriore coinvolgimento. Questo processo può essere accelerato. Non è necessario svegliare la maggioranza! Non combattiamo l'1%, ma lo 0,01%. Anche senza mobilitare la maggioranza, è del tutto possibile

10 Conclusione

realizzare un enorme vantaggio da parte di persone intelligenti, capaci e attiviste.

Se le persone dietro questa Grande Stangata persistono nei loro piani folli, saranno inevitabilmente trovate. Sarà abbastanza semplice inseguire la garanzia collaterale fino a chi ha provveduto a prendersela. Forse non sono poi così geniali!

Verremo a sapere chi c'è dietro questa guerra ibrida contro l'umanità.

Verremo a sapere chi controlla la Banca dei regolamenti internazionali, il sistema della Federal Reserve e tutte le banche centrali a livello globale, e quindi tutti i partiti politici, i governi, i media e le forze armate.

Verremo a sapere chi controlla la CIA.

E finalmente sapremo chi c'è dietro gli omicidi.

Vorrei concludere con le parole di John F. Kennedy:

I nostri problemi sono causati dall'umanità;
pertanto, possono essere risolti dall'umanità.

Appendice

La presente appendice contiene il testo completo (in traduzione italiana) della risposta della Federal Reserve di New York al Questionario del Gruppo sulla Certezza Legale della Commissione Europea[1]). Per il contesto, vedere il capitolo III.

---

[1] European Commission, *The New York Federal Reserve's reply to the EU Clearing and Settlement Legal Certainty Group's questionnaire.*

FEDERAL RESERVE BANK OF NEW YORK

NEW YORK, N.Y. 10045-0001
TELEPHONE 212 720-5024
FACSIMILE 212 720-1756
JOYCE.HANSEN@NY.FRB.ORG

JOYCE M. HANSEN
DEPUTY GENERAL COUNSEL
AND SENIOR VICE PRESIDENT

March 6, 2006

Mr. Martin Thomas
C107 3/62
Financial Markets Infrastructure Unit
Financial Services Policy and Financial Markets
Internal Market and Services DG
European Commission
B -1049 Brussels
BELGIUM

Dear Martin:

As we recently discussed on the phone, we have prepared a legal response to the EU Clearing and Settlement Legal Certainty Group Questionnaire. Enclosed you will find our answers. If you have any questions please feel free to contact me at (212) 720-5024 or Jennifer Wolgemuth at (212) 720-6911.

Sincerely,

Joyce M. Hansen

Enclosure

Figura A.1: Lettera di accompagnamento della risposta della Federal Reserve di New York al questionario del Legal Certainty Group della Commissione europea. Il corpo della risposta è riprodotto integralmente nella presente appendice in traduzione italiana.

Appendice

COMMISSIONE EUROPEA DG Mercato Interno e Servizi

POLITICA DEI SERVIZI FINANZIARI E MERCATI FINANZIARI Infrastruttura dei mercati finanziari

MARKT/G2/D(2005)

Oggetto: Questionario del gruppo sulla certezza giuridica dell'UE in materia di compensazione e regolamento

Si prega di fornire risposte chiare e concise specificando la situazione giuridica esistente, se vi sono punti di incertezza e da quali elementi specifici dipende la risposta fornita (ad esempio, i termini di un eventuale contratto pertinente).

È di fondamentale importanza in tutti i casi applicabili che le risposte fornite specifichino in che modo la risposta differirebbe a seconda della tipologia di emittente, di intermediario o di titolo.

È da notare che la maggior parte del questionario non opera alcuna distinzione tra (I)CSD e altri intermediari (nel senso proposto di seguito). Le risposte dovrebbero fare la distinzione laddove rilevante.

Se utile, identificare la fonte del diritto (ad esempio, legislazione, regolamento, giurisprudenza o dottrina). In caso di legislazione specifica all'oggetto del questionario, si prega di fornire copie (o collegamenti web).

Nel presente questionario per "titoli" si intendono tutti gli strumenti finanziari (esclusi i saldi di cassa, salvo esplicita richiesta di seguito) che incorporano diritti e che possono essere soggetti a detenzione e trasferimento in registrazioni contabili, indipendentemente dal fatto che la detenzione possa essere caratterizzata come diretti o indiretti.

Nel presente questionario, per "diritti su titoli" si intendono sia i diritti derivanti dallo strumento nei confronti dell'emittente o di terzi, sia i diritti o pretese del detentore rispetto allo strumento in quanto tale, e per "diritti su titoli" si intende essere considerato sinonimo di "interessi in titoli".

Nel presente questionario per intermediario si intende qualsiasi persona o ente che mantiene posizioni su titoli mediante registrazioni contabili. In tal senso, si precisa che non è escluso dall'intermediario un soggetto che mantiene posizioni mediante registrazione contabile per gli investitori laddove secondo la normativa applicabile esiste un rapporto diretto tra l'investitore e l'emittente. E nel presente questionario per conti titoli si intendono quindi tutti i conti intrattenuti dagli intermediari nei quali vengono registrate tramite scritture contabili le posizioni dei clienti relative ai titoli.

Tieni inoltre presente che alcune questioni vengono affrontate intenzionalmente più di una volta da angolazioni diverse. DOMANDE

(0) Rispetto a quale ordinamento giuridico vengono fornite le seguenti risposte?

Questa risposta si limita al diritto commerciale statunitense, principalmente all'articolo 8, in particolare alla parte 5 dell'articolo 8, e a parti dell'articolo 9, dell'Uniform Commercial Code ("UCC"); non tratta altre leggi, regolamenti o norme che potrebbero influenzare in modo significativo aspetti del sistema di titoli detenuti indirettamente, quali titoli, leggi fiscali, contabili, leggi, regolamenti o norme bancarie o qualsiasi altra legge, regolamento o norma. L'oggetto dell'Articolo 8 è "Titoli di investimento" e l'oggetto dell'Articolo 9 è "Operazioni garantite". Gli articoli 8 e 9 sono stati adottati in tutti gli Stati Uniti. Il Tesoro degli Stati Uniti emette titoli attraverso le banche della Federal Reserve e le persone che detengono tali titoli nei libri contabili delle banche della Riserva lo fanno attraverso TRADES. I regolamenti TRADES applicano il diritto sostanziale federale a determinati aspetti delle transazioni a livello delle banche della Federal Reserve e prevedono l'applicazione del diritto sostanziale della giurisdizione dell'intermediario di valori mobiliari (come definito nell'articolo 8 dell'UCC) per le detenzioni di titoli del Tesoro ai livelli più bassi. Inoltre, le persone possono anche detenere titoli del Tesoro direttamente attraverso un sistema chiamato "Treasury Direct" che non è progettato per la negoziazione. Questa risposta non discute i regolamenti del Tesoro per TRADES o "Treasury Direct".

È importante sottolineare fin dall'inizio che l'articolo 8 svolge un ruolo limitato nei mercati dei valori mobiliari. L'articolo 8 non disciplina i contratti per l'acquisto e la vendita di titoli, gli accordi di compensazione, né regola i rapporti tra le società di compensazione, i broker o gli operatori e i loro clienti, tranne nella misura in cui tali entità agiscono come intermediari di titoli. Gli articoli 8 e 9 forniscono semplicemente le regole per individuare i diritti, gli interessi, gli obblighi e le priorità degli interessi nei titoli, certificati o meno, detenuti direttamente o tramite intermediari. Come osservato in precedenza, molte questioni importanti riguardanti i mercati mobiliari negli Stati Uniti sono regolate da leggi e regolamenti statali e federali sui titoli e da leggi e regolamenti bancari statali e federali e non rientrano nell'ambito dell'UCC.

I. CONTENUTO E STRUTTURA DI UN SISTEMA GIURIDICO

Aspetti generali

Prima di rispondere a una qualsiasi delle domande specifiche poste, è utile definire alcuni termini centrali nel quadro dell'Articolo 8 per i "titoli detenuti indirettamente": (1) il "conto titoli" è stabilito mediante accordo tra un intermediario di valori mobiliari e il suo il cliente e l'intermediario di valori mobiliari si impegnano a riconoscere il diritto di esercitare i diritti che compongono l'investimento alla persona che tiene il conto sul quale è accreditato l'investimento detenuto indirettamente; (2) l'"intermediario mobiliare" è una persona che si occupa di tenere conti titoli per conto di terzi, come una banca o un intermediario, e agisce in tale veste (in contrapposizione, ad esempio, a una parte in un'operazione); (3) l'"attività finanziaria" è l'investimento detenuto indirettamente (più specificatamente definito di seguito); (4) il "diritto su titoli" è il nome dato ai diritti di proprietà e agli interessi della persona che detiene un'attività finanziaria tramite un conto titoli; e (5) un "titolare dei diritti" è la persona che ha un diritto di garanzia su un'attività finanziaria nei confronti del suo intermediario mobiliare (l'"investitore" o il "cliente" nelle domande). Questi termini vengono utilizzati in tutta questa risposta.

Inoltre, i riferimenti all'articolo 8 nelle risposte sono nella seguente forma: "8-XXX", dove XXX è la sezione dell'articolo 8 a cui si fa riferimento.

(1) Cosa sono i titoli? Esiste un concetto di titoli come quello utilizzato nella Direttiva sui mercati degli strumenti finanziari 2004/39/CE? In caso contrario, descrivere i concetti utilizzati. Quali distinzioni (es. al portatore, nominativo, fisico, dematerializzato, contabile) vengono fatte e con quali conseguenze?

Ai sensi dell'articolo 8, un titolo è "un'obbligazione di un emittente o un'azione, una partecipazione o un altro interesse in un emittente o in una proprietà o in un'impresa di un emittente: (i) che è rappresentato da un certificato di titolo o in forma al portatore o nominativa, o il cui trasferimento può essere registrato sui libri tenuti a tale scopo da o per conto dell'emittente, (ii) che fa parte di una classe o serie o che secondo i suoi termini è divisibile in una classe o serie di azioni, partecipazioni, interessi o obblighi; e (iii) che: (A) è, o è di un tipo, negoziato o negoziato su borse valori o mercati mobiliari; o (B) è un mezzo di investimento e nei suoi termini prevede espressamente che si tratti di un titolo disciplinato dall'[articolo 8]." 8-102(15).

Nel contesto dell'articolo 8, il termine titolo non è l'unico concetto rilevante, poiché qualsiasi "attività finanziaria" può essere accreditata su un conto titoli. Oltre ai titoli, le attività finanziarie includono: (1) un'obbligazione di una persona o un'azione, una partecipazione o altro interesse in una persona o in una proprietà o un'impresa di una persona, che è, o è di un tipo, trattata in o negoziato sui mercati finanziari, o riconosciuto in qualsiasi area in cui viene emesso o negoziato come mezzo di investimento o qualsiasi proprietà che un intermediario mobiliare accetta di trattare come un'attività finanziaria e (2) proprietà che un intermediario mobiliare accetta trattare come un'attività finanziaria. 8-102(9).

(2) In che modo vengono creati ed emessi i titoli? Quali passaggi sono necessari per avere titoli (esistenti o di nuova emissione) validamente detenuti e trasferiti con il coinvolgimento degli intermediari?

L'emissione di titoli non è oggetto dell'articolo 8. Solitamente, un emittente emette un certificato globale a un intestatario dell'intermediario di livello superiore, che poi accredita gli interessi su quel titolo sui conti titoli mantenuti nei suoi libri contabili. I titoli possono essere emessi anche interamente in forma dematerializzata.

Un titolare di diritti può acquisire un diritto su un titolo solo in uno dei tre modi seguenti: (1) l'intermediario di titoli accredita un'attività finanziaria sul conto titoli del titolare di diritti; (2) l'intermediario di valori mobiliari accetta un'attività finanziaria per l'accredito sul conto titoli del titolare del diritto; oppure (3) l'intermediario di valori mobiliari è obbligato per legge ad accreditare un'attività finanziaria sul conto titoli del titolare del diritto (un diritto di garanzia implicito per legge).

Conti titoli

(3) Che cos'è un conto titoli? Qual è il suo ruolo e la sua funzione? Quali sono le leggi in materia di custodia, commerciale, contabile e fiscale?

Un conto titoli è un conto sul quale un'attività finanziaria viene accreditata o può essere accreditata in base ad un accordo in base al quale la persona che tiene il conto "si impegna a considerare la persona per la quale è tenuto il conto come legittimata ad esercitare i diritti compresi nell'attività finanziaria". 8-501. Quando un'attività finanziaria viene accreditata su un conto titoli, una persona acquisisce un diritto di garanzia rispetto a tale attività finanziaria.

(4) Quali titoli possono essere accreditati sui conti titoli? È possibile accreditare contanti sui conti titoli e, in tal caso, il titolare del conto ha un diritto opponibile solo nei confronti di terzi o solo nei confronti dell'intermediario? Qual è la natura di tale diritto?

Come osservato in precedenza, qualsiasi "attività finanziaria" può essere accreditata su un conto titoli. L'intermediario di valori mobiliari può accettare di considerare come attività finanziaria sostanzialmente tutto ciò che viene accreditato sul conto titoli, compresi i contanti. Per una trattazione dei diritti degli aventi diritto nei confronti di terzi e intermediari si veda la risposta alla domanda 7.

(5) L'investitore deve essere nominato nominativamente nei libri contabili di un intermediario superiore o dell'emittente?

No, e infatti il nome dell'investitore finale non verrà quasi mai registrato nei libri contabili di un intermediario di livello superiore o dell'emittente.

Conti fiduciari e omnibus

(6) I titoli possono essere accreditati su un conto titoli a nome di una persona o entità che agisce per conto di un'altra (i) quando l'esistenza dell'altra non è indicata e (ii) quando l'esistenza ma non l'identità di l'altro è indicato? Il conto titoli può essere aperto a nome della persona o dell'ente che lo tiene? È possibile accreditare titoli su un conto titoli a nome di una persona o entità che agisce per conto di più di un'altra, ossia in modo tale che tali altre detengano una posizione in titoli collettiva, anziché posizioni individuali separate per persona? La persona o l'ente a nome del quale viene accreditato il conto titoli (se diverso dalla persona o ente che tiene il conto) è considerato intermediario? Tale persona o entità deve rivelare se agisce per conto degli investitori e, in caso affermativo, la loro identità?

I titoli possono essere accreditati su un conto titoli a nome di una persona o entità che agisce per conto di un'altra, come un fiduciario, un agente o un consulente per gli investimenti, laddove l'esistenza dell'altra non sia indicata. Inoltre, un fiduciario, un agente o un consulente può indicare la qualità in cui agisce senza identificare specificamente i nomi dei suoi clienti. Un intermediario può soddisfare il proprio obbligo di mantenere attività finanziarie corrispondenti ai suoi diritti in titoli mantenendo tali attività presso uno o più intermediari di valori mobiliari e normalmente deterrebbe tali attività in una posizione collettiva. In genere, un broker manterrà 2 conti presso la propria banca di compensazione, un "conto proprietario" e un "conto cliente". Nel suo conto proprietario, il broker detiene i propri titoli e nel proprio conto cliente detiene collettivamente titoli per i propri clienti (senza identificare i clienti).

Natura dei diritti

(7) Quali diritti sorgono quando i titoli vengono accreditati sui conti titoli? Esiste un regime specifico per stabilire questi diritti? Questi diritti sono caratterizzati come un credito, un bene immateriale, un bene mobile o un bene giuridico nuovo e separato, distinto dai titoli sottostanti, che può essere oggetto di diritti di proprietà (ad esempio proprietà, diritto di garanzia, usufrutto) e disposizioni proprietarie (ad esempio vendita, pegno, prestito)? Quali obblighi possono sorgere anche per l'investitore?

L'articolo 8 stabilisce i diritti del titolare di diritti sui diritti di garanzia accreditati sul suo conto titoli. I diritti sui titoli sono definiti in generale come i "diritti" e gli "interessi patrimoniali" di un "titolare dei diritti" specificati dalla Parte 5 dell'Articolo 8 rispetto a una "attività finanziaria". 8-102(17).

1. L'"interesse patrimoniale"

Un diritto di garanzia implica un diritto di proprietà sull'attività finanziaria (a differenza dei diritti personali nei confronti dell'intermediario di valori mobiliari) solo nella misura in cui include diritti sull'attività finanziaria opponibili ad altre persone. 8-104(c) limita l'interesse del titolare di diritti come "acquirente" di un'attività finanziaria ai diritti elencati in 8-503. 8-503(a) prevede che le attività finanziarie detenute da un intermediario mobiliare "non sono di proprietà dell'intermediario mobiliare" e sono esenti da pretese dei creditori generali dell'intermediario mobiliare (ma non di alcuni creditori garantiti). La sottosezione prevede inoltre che le attività finanziarie siano detenute da un intermediario mobiliare per i suoi titolari dei diritti "nella misura necessaria" per adempiere ai propri obblighi nei confronti dei titolari dei diritti. Questa disposizione protegge il titolare dei diritti dai creditori generali dell'intermediario di valori mobiliari e, quindi, fornisce alcuni interessi patrimoniali, ma non autorizza il titolare dei diritti a far valere diritti contro qualsiasi persona diversa dal suo intermediario, tranne nelle circostanze molto limitate descritte di seguito.

8-503(b) descrive l'interesse patrimoniale del titolare dei diritti in un'attività finanziaria come un "interesse immobiliare pro rata" in tutti gli interessi in quell'attività finanziaria detenuta dall'intermediario di titoli. Questo interesse proporzionale sulla massa fungibile di una determinata attività finanziaria non costituisce tuttavia un diritto su una determinata attività detenuta dall'intermediario finanziario. 8-102, commento 17. Gli estensori si riferiscono al titolare del diritto come se avesse ottenuto un interesse patrimoniale "solo nel senso che ai sensi della Sezione 8-503 un diritto di garanzia è trattato come una forma sui generis *di interesse patrimoniale". 8-104, commento 2.*

Ai sensi della sottosezione 8-503(c), l'applicazione di tale diritto di proprietà nei confronti dell'intermediario di valori mobiliari è limitata ai diritti elencati nelle sezioni da 8-505 a 8-508. (Questi sono discussi di seguito nella discussione dei "diritti" nei confronti dell'intermediario di valori mobiliari.)

2. I *"diritti"*

a. *"Diritti" nei confronti di terzi*

L'articolo 8 prevede che il titolare di diritti abbia diritti limitati sull'attività finanziaria nei confronti di soggetti diversi dal suo intermediario mobiliare. Il titolare dei diritti non ha la capacità di esercitare diritti economici o di altra natura sull'attività finanziaria direttamente nei confronti dell'emittente; tuttavia, l'intermediario di valori mobiliari ha l'obbligo di ottenere e trasferire tali diritti economici al titolare dei diritti e di esercitare i diritti di proprietà per conto del titolare dei diritti come meglio descritto di seguito. La parte 5 dell'articolo 8 enumera solo interessi patrimoniali limitati opponibili agli "acquirenti" (termine definito nella sezione 1-201(33) dell'UCC per includere essenzialmente qualsiasi destinatario di un trasferimento volontario, inclusa una parte garantita, che potrebbe essere un intermediario di livello superiore) e non descrive alcun diritto nei confronti dell'emittente delle attività finanziarie. 8-102, commento 17.

Gran parte del sistema di detenzione indiretta coinvolge almeno due livelli di intermediari finanziari (il che significa che l'attività finanziaria è un diritto su titoli). L'articolo 8 non conferisce al titolare dei diritti alcun diritto nei confronti di un intermediario di livello superiore, ad eccezione di quanto descritto di seguito.

L'articolo 8 include i diritti di un titolare di diritti nei confronti degli acquirenti di un'attività finanziaria sottostante un diritto di garanzia, ma solo in "circostanze estremamente insolite". 8-503, commento 2. Tale circostanza si verifica quando sono soddisfatte ciascuna delle seguenti condizioni: in primo luogo, l'intermediario di valori mobiliari è soggetto a procedura di insolvenza. Prima che l'avente diritto possa far valere dei diritti nei confronti dell'acquirente, l'amministratore della procedura di insolvenza dell'intermediario di valori mobiliari deve aver deciso di non far valere tali diritti. In secondo luogo, l'intermediario di valori mobiliari non dispone di attività finanziarie sufficienti per far fronte ai propri obblighi nei confronti dei titolari dei diritti. In terzo luogo, il trasferimento dell'attività finanziaria a quel particolare acquirente ha violato l'obbligo dell'intermediario di valori mobiliari di mantenere interessi sufficienti nell'attività finanziaria. In quarto luogo, l'acquirente non ha diritto alla protezione ai sensi dell'articolo 8-503 (e). 8-503(e) protegge qualsiasi acquirente che ha dato valore e ottenuto il controllo dell'attività finanziaria da qualsiasi azione basata sugli interessi patrimoniali del titolare dei diritti a meno che tale acquirente non sia colluso con l'intermediario di valori mobiliari violando i suoi doveri nei confronti del titolare dei diritti. La stragrande maggioranza degli acquirenti ha diritto a questa protezione.

b. *"Diritti" nei confronti del suo intermediario mobiliare*

L'articolo 8 attribuisce al titolare di diritti una serie di diritti specifici nei confronti del suo intermediario mobiliare. I diritti che un titolare dei diritti può far valere nei confronti dell'intermediario di valori mobiliari sono limitati all'esecuzione degli obblighi dell'intermediario di valori mobiliari ai sensi dell'articolo 8. Esistono otto obblighi statutari, elencati di seguito dai numeri da (1) a (8).

i. Obblighi statutari

La prima serie di obblighi riguarda il ricevimento da parte del titolare dei diritti dei diritti economici e societari che compongono l'attività finanziaria. Un intermediario mobiliare deve agire(1) per ottenere un pagamento o una distribuzione effettuata dall'emittente di un'attività finanziaria. 8-505(a). A ciò si accompagna l'obbligo quasi assoluto (soggetto a compensazione o domanda riconvenzionale) da parte del titolare del diritto(2) di trasferire i pagamenti o le distribuzioni effettuati dall'emittente di un'attività finanziaria e ricevuti dall'intermediario di valori mobiliari. 8-505(b). (Si noti che l'obbligo di trasferire i benefici economici dell'attività finanziaria è l'unico obbligo di un intermediario mobiliare non soggetto a limitazioni contrattuali o a uno standard di ragionevolezza commerciale. 8-505(b).) L'intermediario mobiliare è obbligato(3) esercitare diritti di proprietà rispetto all'attività finanziaria per conto del titolare dei diritti: questi diritti comprendono diritti di voto, diritti di conversione, diritti di richiedere il pagamento di uno strumento che è un'attività finanziaria e diritti di far valere gli obblighi legali. 8-506, commenti 3-4.

La seconda serie di obblighi riguarda la tutela dell'avente diritto dal rischio finanziario dell'intermediario di valori mobiliari. L'intermediario di valori mobiliari deve(4) ottenere e conservare tempestivamente quantità sufficienti dell'attività finanziaria per soddisfare le pretese dei suoi titolari dei diritti. 8-504(a). L'unica eccezione a questo requisito è per "una società di compensazione che è essa stessa obbligataria di un'opzione". 8-504(d). L'intermediario di valori mobiliari ha inoltre l'obbligo di non (5) concedere diritti di garanzia sulle attività finanziarie detenute per i titolari dei diritti senza accordo. 8-504(b).

Gli ultimi tre obblighi riguardano il rispetto degli ordini o delle indicazioni del titolare dei diritti. Un "ordine di diritto" ordina all'intermediario di valori mobiliari di "trasferire o [riscattare] un'attività finanziaria su cui il titolare del diritto ha un diritto di garanzia". 8-102(a)(8). L'ordine di acquisizione dirige solo il trasferimento; non è un ordine di vendita dell'attività finanziaria.

L'intermediario di titoli deve(6) rispettare un ordine di autorizzazione, se emesso dal titolare dei diritti e l'intermediario di titoli ha (1) ragionevole opportunità di assicurarsi della genuinità e autenticità e (2) ragionevole *opportunità di conformarsi. 8-507(a). Se l'intermediario di valori mobiliari agisce sulla base di un ordine di diritto inefficace, deve(7) ristabilire un diritto di garanzia e pagare o accreditare eventuali distribuzioni o pagamenti non ricevuti a seguito di un trasferimento illegittimo. 8-507(b). Se l'intermediario di valori mobiliari non ripristina il diritto alla garanzia, è tenuto al risarcimento dei danni. 8-507(b). Infine, l'intermediario di valori mobiliari ha il dovere (8) di "agire su indicazione del titolare di un diritto per modificare un diritto su un titolo in un'altra forma disponibile di detenzione per la quale il titolare di un diritto ha diritto, o per far sì che l'attività finanziaria venga trasferita a un conto titoli dell'avente diritto presso un altro intermediario mobiliare". 8-508.*

ii. Standard di prestazione

L'intermediario di valori mobiliari adempie i propri obblighi ai sensi dell'articolo 8 rispettando altri requisiti legali, esercitando la dovuta diligenza secondo standard commerciali ragionevoli o adempiendo i propri compiti contrattualmente. 8-504(c)(1)-(2); 8-505(a)(1)-(2); 8-506(1)-(2); 8-507(a)(1)-(2); 8-508(a)(1)-(2); 8-509. Il rispetto da parte di un intermediario di valori mobiliari di un altro statuto, regolamento o norma soddisfa questo obbligo di cui all'articolo 8 se la sostanza dell'obbligo è oggetto di tale altro requisito legale. 8-509(a). Nella misura in cui non è previsto dallo statuto, da un regolamento, da una norma o da un accordo tra le parti, i doveri devono essere adempiuti e i diritti devono essere esercitati in "modo commercialmente ragionevole". 8-509(b).

Un intermediario mobiliare può rifiutarsi di adempiere ai propri obblighi a causa di obblighi non adempiuti che il titolare dei diritti ha nei confronti dell'intermediario mobiliare. 8-509(c). Questo diritto di trattenere l'adempimento può derivare da un diritto di garanzia, da un accordo di garanzia con il titolare del diritto o altro, o da altra legge o accordo. 8-509(c).

(8) Qual è la posizione giuridica dell'intermediario rispetto ai titoli accreditati sul conto titoli di un investitore?

Come indicato sopra, nella misura necessaria a soddisfare i diritti relativi a titoli rispetto a un'attività finanziaria, gli interessi detenuti in tale attività finanziaria dall'intermediario sono detenuti per i titolari dei diritti e non sono di proprietà dell'intermediario di titoli. Pertanto, l'intermediario di valori mobiliari non "possiede" le attività finanziarie accreditate sui conti titoli mantenuti nei suoi libri, anche se queste possono essere riportate nei libri dell'emittente o del suo agente di trasferimento come detentore registrato o avere un diritto di garanzia (o essere un investitore/titolare del conto) nei confronti di un intermediario di livello superiore. L'intermediario di valori mobiliari può avere un diritto di garanzia su tali attività finanziarie se ha concesso credito al titolare dei diritti per l'acquisto di tali attività finanziarie o se ha ottenuto in altro modo il consenso del titolare dei diritti secondo cui tali attività finanziarie garantivano altri obblighi nei confronti del titolare dei diritti intermediario mobiliare.

(9) Esiste qualche distinzione tra (i) i diritti derivanti dai titoli nei confronti dell'emittente e (ii) i diritti relativi alla detenzione dei titoli?

SÌ. Se si detengono titoli indirettamente tramite un intermediario mobiliare come diritto di titoli anziché direttamente, i diritti specifici del titolare sono descritti e determinati dalla Parte V degli articoli da 8-505 a 508. Non esiste alcun esercizio diretto di diritti contro l'emittente. L'emittente non può tuttavia opporre contro il titolare dei diritti le eccezioni che non potrebbe opporre nei confronti del titolare dei diritti se questi detenesse direttamente il titolo.

(10) Laddove i titoli sono detenuti in forma aggregata (ad esempio una posizione collettiva in titoli, anziché posizioni individuali separate per persona), l'investitore ha diritti connessi a particolari titoli nell'aggregato?

No. Il titolare dei diritti di titoli non ha diritti connessi a particolari titoli nel pool, ha una quota proporzionale degli interessi nell'attività finanziaria detenuta dal suo intermediario in titoli per l'importo necessario a soddisfare le richieste complessive dei titolari dei diritti in quel problema. Ciò è vero anche se le posizioni degli investitori sono "segregate".

(11) In che modo l'investitore acquisisce diritti sui titoli accreditati sul suo conto titoli (vale a dire se il diritto del cessionario sui titoli deriva dal diritto del cedente o è originariamente creato al momento dell'accredito a suo favore)?

L'investitore acquisisce i diritti sulle attività finanziarie accreditate sul suo conto titoli nel momento in cui viene effettuato l'accredito (cioè viene creato il diritto di garanzia). 8-501(b)(1). L'investitore può acquisire tali diritti anche quando un intermediario mobiliare riceve un'attività finan-

ziaria dall'investitore o acquista un'attività finanziaria per l'investitore e, in entrambi i casi, accetta tale attività finanziaria per l'accredito sul conto dell'investitore. 8-501(b)(2). Infine, l'investitore può acquisire tali diritti quando l'intermediario di valori mobiliari è obbligato da altre leggi, regolamenti o norme ad accreditare un'attività finanziaria sul conto titoli dell'investitore. 8-501(b)(3).

(12) Quali effetti giuridici derivano dall'iscrizione in accredito su un conto titoli (es. scrittura contabile come conferimento o evidenza della radice del titolo, scrittura contabile come sostitutiva del possesso del titolo di proprietà, scrittura contabile come elemento essenziale elemento per l'esercizio dei diritti connessi ai titoli, altri diritti o obblighi)? Si prega di distinguere gli effetti giuridici nei confronti (i) dell'emittente, (ii) dell'intermediario, (iii) di un intermediario (o di intermediari) di livello superiore o (iv) di terzi?

Il titolare ha i diritti sopra illustrati nella risposta alla domanda 7 nei confronti del proprio intermediario mobiliare e nei confronti di terzi. Il possessore ottiene i propri diritti economici e altri diritti di proprietà sull'attività finanziaria attraverso il suo intermediario. I diritti del titolare dei diritti sono validi nei confronti dei terzi a meno che non abbia concesso un diritto di garanzia o abbia acquisito il diritto previa comunicazione di un credito avverso (vedi anche risposte alle domande 23-25).

(13) L'investitore ha diritto a compensazione o diritti netti nei confronti dell'intermediario in relazione ai titoli con obblighi che l'investitore potrebbe avere nei confronti dell'intermediario?

L'articolo 8 non garantirebbe tali diritti a un investitore e sembrerebbe insolito che un contratto di conto fornisca questo diritto.

(14) L'intermediario ha diritto alla compensazione o agli obblighi netti nei confronti dell'investitore in relazione ai titoli con diritti che l'intermediario potrebbe avere nei confronti dell'investitore? Tale diritto può essere modificato contrattualmente?

L'articolo 8 non conferisce ad un intermediario questi diritti. Gli accordi di conto titoli attribuiscono tipicamente all'intermediario di titoli un diritto di garanzia sul contenuto di un conto titoli rispetto al credito concesso al cliente dal suo intermediario. Inoltre, un intermediario mobiliare ha un privilegio automatico perfezionato sui titoli che i titolari dei diritti hanno acquistato con il credito concesso dall'intermediario mobiliare. 9-206(a), (b); 9-328(3).

(15) L'investitore è protetto contro l'insolvenza di un intermediario e, in caso affermativo, come? L'investitore deve fare affidamento sull'intervento di un tribunale o di un liquidatore? In cosa cambia la risposta se l'insolvenza riguarda un intermediario di livello superiore?

Ai sensi dell'articolo 8, un investitore è protetto contro l'insolvenza del proprio intermediario finanziario nella misura in cui i diritti di garanzia accreditati sul conto titoli dell'investitore non fanno parte della massa fallimentare dell'intermediario finanziario (e parimenti un investitore è protetto dall'insolvenza di un intermediario di valore superiore) intermediario di livello). Tuttavia, un investitore è sempre vulnerabile nei confronti di un intermediario mobiliare che non ha interessi in un'attività finanziaria sufficienti a coprire tutti i diritti sui titoli che ha creato in quell'attività finanziaria. Ciò è meglio illustrato dall'esempio:

se un intermediario mobiliare (Securities Intermediary - SI) diventa insolvente e si scopre che SI ha creato diritti di garanzia totali su 500 azioni della società X nei conti titoli di 5 titolari di diritti (10 azioni ciascuno) sui libri contabili di SI, ma che SI stesso aveva un titolo diritto di sole 100 azioni della società X sui libri contabili di un intermediario mobiliare di livello superiore, ai sensi dell'articolo 8, ciascun titolare dei diritti che detiene tramite SI otterrebbe solo 20 azioni della società X, ovvero la sua quota proporzionale della partecipazione di SI nella società X (Lo schema di distribuzione dell'insolvenza previsto dall'Articolo 8 non si applica a tutti gli intermediari mobiliari insolventi, e altri schemi di distribuzione dell'insolvenza applicabili ad alcuni tipi di intermediari mobiliari potrebbero richiedere risultati diversi.)

Gli interessi di un titolare di diritti nelle attività finanziarie prevalgono sugli interessi di qualsiasi creditore dell'intermediario di valori mobiliari che ha un diritto di garanzia nella stessa attività finanziaria. 8-511(a). Tieni presente che questa regola ha due eccezioni. Se il creditore garantito ha il "controllo" sull'attività finanziaria, avrà la priorità rispetto ai titolari dei diritti che hanno diritti su titoli rispetto a tale attività finanziaria. 8-511(b). Se l'intermediario di valori mobiliari è una società di compensazione, i crediti dei suoi creditori prevalgono su quelli degli aventi diritto. 8-511(c). (Questa seconda eccezione serve a consentire il finanziamento garantito che aiuta a compensare le attività di liquidazione delle società.)

La protezione limitata prevista dall'articolo 8 per gli investitori si basa "sul presupposto che l'importante politica di protezione degli investitori contro il rischio di condotta illecita da parte dei loro intermediari è sufficientemente trattata da altre leggi". 8-511, commento 2. L'"altra legge" comprende, tra le altre, la legge bancaria federale e statale e la legge federale sui titoli che richiedono a un intermediario finanziario di contabilizzare separatamente i titoli dei clienti rispetto ai titoli di proprietà, e il Securities Investor Protection Act, che protegge investitori contro perdite fino a $ 500.000 per contanti e titoli (di cui solo $ 100.000 possono essere utilizzati per rimborsare i crediti in contanti) detenuti presso società che sono membri della Securities Investor Protection Corporation (come lo sono tutte le società di intermediazione mobiliare che sono anche tenute a registrarsi come broker-dealer).

(16) Quale responsabilità ha l'intermediario (i) nei confronti degli intermediari di livello superiore o (ii) di altri soggetti terzi sui quali può fare affidamento per l'esercizio delle proprie funzioni? Tale responsabilità può essere modificata contrattualmente?

L'intermediario di valori mobiliari ha l'obbligo ai sensi dell'articolo 8 di acquisire e conservare quantità sufficienti di attività finanziarie per soddisfare le pretese dei suoi titolari. 8-504(a). Nell'adempiere a tale obbligo, l'intermediario di valori mobiliari deve (1) agire nel rispetto dell'obbligo concordato tra il titolare dei diritti e l'intermediario di valori mobiliari o (2) in assenza di un accordo, esercitare la dovuta diligenza in conformità con ragionevoli standard commerciali. 8-504(c). Sebbene lo standard possa essere specificato tramite accordo, i commenti ufficiali a 8-504 e alla sezione 1-302(b) dell'UCC prevedono che il dazio non possa essere negato. Inoltre, le osservazioni ufficiali indicano espressamente che l'obbligo di diligenza si applica nella scelta da parte dell'intermediario di valori mobiliari del proprio intermediario o degli intermediari attraverso i quali l'intermediario detiene attività finanziarie. Nel determinare se l'obbligo è soddisfatto o violato nella scelta dell'intermediario dell'intermediario di valori mobiliari nel caso in cui detenga attività finanziarie per soddisfare le richieste dei propri titolari dei diritti, si guarda in parte agli usi e alle pratiche e se l'intermediario ha poca o nessuna scelta nel selezione dell'intermediario, come può avvenire quando si detengono titoli esteri in un conto titoli.

L'interazione tra gli obblighi legali e le disposizioni del contratto tra l'intermediario di valori mobiliari e il suo cliente è complessa e articolata. Si noti che i commenti ufficiali alla Sezione 8-504 sono piuttosto lunghi e evidenziano un forte interesse per i numerosi rischi che un intermediario mobiliare può contrarre, in particolare per quanto riguarda titoli esteri e custodi esteri. Si tratta di un'area fortemente regolamentata e l'adempimento di un obbligo normativo costituisce il rispetto della sostanza di un obbligo (imposto da 8-504 a 8-508) ai sensi dell'8-509 (a).

Trasferimento di titoli

(17) Quali misure sono necessarie per il trasferimento dei titoli? Si prega di elaborare sia le fasi operative che quelle legali. Questi passaggi differiscono in termini di efficacia tra le parti del trasferimento e nei confronti di terzi (ad esempio requisiti di perfezionamento)?

Il trasferimento di un interesse in titoli richiede in genere un accordo tra il cessionario e il cedente, sebbene per una vendita non sia richiesta la scrittura e per un pegno la scrittura è spesso ma non sempre richiesta. Un trasferimento tra tali parti può essere "effettivo" senza che si verifichino i passaggi descritti di seguito, sebbene i diritti e le vulnerabilità delle rispettive parti nei confronti di molte terze parti, compresi i rispettivi intermediari finanziari, saranno influenzati se tali passaggi non vengono avvenuti.

Nel sistema di detenzione indiretta, i diritti di sicurezza vengono creati ed estinti, il che realizza il regolamento delle transazioni su titoli, proprio come un pagamento di moneta bancaria. Operativamente, la Parte A, avente un conto titoli presso l'Intermediario Titoli X contenente un diritto di titolo sul Titolo I, potrebbe istruire il proprio Intermediario Titoli X a trasferire o consegnare il Titolo I alla Parte B, anch'essa avente un conto titoli presso l'Intermediario Titoli X. Intermediario Titoli X. creerà contemporaneamente un diritto di garanzia sul Titolo I sul conto titoli della Parte B ed estinguerà il diritto di titolo sul Titolo I sul conto titoli della Parte A.

(18) Qual è l'oggetto del trasferimento dei titoli (ad esempio un credito nei confronti dell'intermediario, un diritto sui generis, il titolo stesso)?

Non esiste alcun "oggetto" che viene trasferito. Viene creato un diritto di sicurezza e di solito un altro diritto di sicurezza viene contemporaneamente estinto. Un diritto di garanzia comprende i diritti e gli interessi spiegati nella risposta alla domanda 7.

(19) In quale momento o in quali momenti esattamente il cessionario acquisisce il diritto, e a cosa? In quale momento o in quali momenti il cedente perde i diritti?

Questi diritti sono per lo più determinati dalle regole del sistema, che esulano dall'ambito di applicazione dell'articolo 8. Per quanto riguarda l'articolo 8, gli interessi e i diritti descritti nella risposta alla domanda 7 sono legati al momento in cui viene creato il diritto alla garanzia /estinto.

(20) Quali concetti di definitività (ad esempio incondizionalità, irrevocabilità, esecutività) si applicano ai trasferimenti di titoli? Un concetto del genere viene scelto da un intermediario o imposto dalla legge? Si riferiscono agli ordini di trasferimento, al regolamento, al trasferimento del titolo o della proprietà, all'adempimento degli obblighi sottostanti o altro?

I concetti di definitività non sono trattati nell'articolo 8. La definitività può essere oggetto delle norme di qualsiasi intermediario mobiliare o stanza di compensazione o di altre leggi o regolamenti. Tuttavia, le norme dell'articolo 8 in generale e in particolare le norme sui crediti sfavorevoli contribuiscono alla certezza dei diritti sulle attività finanziarie e sui titoli su di esse.

(21) Quale sarebbe l'effetto sui concetti di definitività di ciascuno tra (i) la revoca delle istruzioni di trasferimento, (ii) l'addebito di accrediti provvisori o errati; (iii) contestazioni di insolvenza, (iv) frode? Esistono norme specifiche relative alle registrazioni errate sui conti?

Vedere la risposta alla domanda 20.

(22) Esistono norme specifiche relative ai trasferimenti condizionati di diritti, vale a dire norme che specificano che i trasferimenti di titoli sono considerati condizionati e che consentono il (ri)addebito o lo storno e, in caso affermativo, in quali circostanze? Quale posizione ha l'investitore ricevente a seguito di tali crediti?

Vedi la risposta alla domanda 20.

Priorità

(23) Quali regole si applicano quando (i) vengono avanzate pretese concorrenti nei confronti dell'intermediario; (ii) vengono avanzate pretese concorrenti rispettivamente nei confronti dell'intermediario e di un intermediario di livello superiore?

Un titolare di diritti che rivendica un interesse su un'attività finanziaria accreditata sul suo conto titoli mantenuto presso un intermediario mobiliare condividerà pro rata con altri titolari di diritti che rivendicano interessi sulla stessa attività finanziaria accreditata sui loro conti titoli presso l'intermediario mobiliare. La quota proporzionale sarà una quota dell'interesse totale dell'intermediario di valori mobiliari nell'attività finanziaria in questione. 8-511(a). Tale credito avrà la priorità rispetto ai crediti degli altri creditori dell'intermediario di valori mobiliari, fatte salve alcune eccezioni, spiegate più avanti nella risposta alla domanda 25.

Tra i titolari di un diritto di garanzia su un'attività finanziaria accreditata su un conto titoli, il soggetto che ha perfezionato la propria garanzia mediante controllo batterà il soggetto che ha perfezionato la propria garanzia tramite deposito. Si applicano regole speciali quando il creditore che afferma che il diritto di garanzia è l'intermediario di titoli, l'intermediario di titoli dell'intermediario di titoli o una società di compensazione, discusse più dettagliatamente nella risposta alla domanda 15.

Si noti che Charles Mooney ha fornito ulteriori risposte a questa domanda e alle domande 24-25 e 29-33.

(24) Quali norme tutelano il cessionario che agisce in buona fede (l'«acquirente in buona fede»)? Quali sono i limiti della tutela in buona fede?

L'articolo 8 comprende tre norme specifiche per proteggere gli acquirenti: una regola protegge il titolare dei diritti dai crediti sfavorevoli fatti valere nei suoi confronti nei confronti dell'attività finanziaria se il titolare dei diritti ha acquisito il diritto di garanzia per valore e senza preavviso dei crediti sfavorevoli. 8-502. (Si noti che la Sezione 8-116 può rendere l'intermediario di valori mobiliari un "acquirente per valore" dell'attività finanziaria. Pertanto, l'intermediario di valori mobiliari ha i diritti di un acquirente quando deve far valere tali diritti nei confronti di terzi.) La seconda regola similmente protegge dai crediti sfavorevoli una persona che ha acquistato un'attività finanziaria o un diritto di garanzia da un *titolare di diritti se l'acquirente ha dato valore, non è stato informato del reclamo sfavorevole e ha ottenuto il controllo del diritto di garanzia. 8-510(a). La terza regola tutela l'acquirente di un'attività finanziaria dalle pretese del titolare di diritti su un diritto immobiliare su tale attività finanziaria, limitando la capacità del titolare dei diritti di far valere tale pretesa nei confronti dell'acquirente ai casi in cui: (i) l'intermediario di valori mobiliari è insolvente, (ii) l'intermediario di valori mobiliari non ha interessi sufficienti nell'attività finanziaria per soddisfare i diritti di garanzia di tutti i suoi titolari su quell'attività, (iii) l'intermediario di valori mobiliari ha violato il suo obbligo di mantenere interessi sufficienti nell'attività finanziaria trasferendolo all'acquirente, e (iv) l'acquirente (a) non ha dato valore, (b) non ha ottenuto il controllo, o (c) è entrato in collusione con l'intermediario di valori mobiliari nel non aver adempiuto all'obbligo di detenere sufficienti attività finanziarie per soddisfare i diritti garantiti da tutti i titolari dei diritti su tale attività finanziaria. 8-503(d). In sostanza, a meno che l'acquirente non sia coinvolto in atti illeciti dell'intermediario di valori mobiliari, un titolare dei diritti non può avanzare pretese nei suoi confronti.*

(25) Esistono norme relative ai privilegi degli intermediari sui conti titoli degli investitori? Se sì, quali sono e sono obbligatori?

Un intermediario mobiliare non può concedere un diritto di garanzia su un'attività finanziaria che è tenuto a mantenere per soddisfare tutte le richieste dei suoi clienti su tale attività finanziaria, senza il consenso del cliente in questione.

Un intermediario finanziario che ha concesso un credito a un titolare di diritti per acquistare un'attività finanziaria mantenuta da un titolare di diritti in un conto titoli mantenuto presso tale intermediario ha un privilegio legale su tali attività finanziarie e tale privilegio ha la priorità su tutti gli altri vincoli. 9-206(a), (b); 9-328(3). Un intermediario di valori mobiliari può anche, previo accordo con il titolare dei diritti, avere una garanzia in attività finanziarie accreditate sul conto titoli del titolare dei diritti per garantire gli obblighi che il titolare dei diritti può avere nei confronti dell'intermediario di valori mobiliari.

Attacco di livello superiore

(26) Può l'investitore far valere i propri diritti nei confronti di un intermediario di livello superiore (i) normalmente, (ii) in caso di violazione

degli obblighi da parte dell'intermediario, (iii) in caso di violazione degli obblighi da parte dell'intermediario di livello superiore, (iv) se l'evento è un'insolvenza piuttosto che una violazione dei doveri?

In generale no. L'investitore non ha alcun diritto ai sensi dell'articolo 8 nei confronti di un intermediario di livello superiore, in quanto intermediario di livello superiore di per sé. L'investitore può avere diritti nei confronti di un intermediario di livello superiore nella misura in cui quest'ultimo ha colluso con l'intermediario mobiliare dell'investitore per violare gli obblighi dell'intermediario mobiliare nei confronti dei titolari dei diritti e alcune altre condizioni, dettagliate nella risposta alla domanda 24.8-503(d).

(27) In quali circostanze (i) un creditore e (ii) un terzo non creditore (come un liquidatore) dell'investitore possono richiedere titoli da un intermediario di livello superiore?

8-112 spiega dove può essere avanzata la pretesa di un creditore nei confronti del diritto di garanzia del titolare di diritti: solo tramite procedimento legale presso l'intermediario di titoli del titolare di diritti. Il processo diretto a un intermediario di livello superiore sarà inefficace. (Se l'interesse del debitore che il creditore rivendica è in un diritto di garanzia mantenuto a nome di una parte garantita, il creditore può ottenere tale interesse mediante procedimento legale sulla parte garantita. 8-112 (d).) Ai sensi dell'articolo 8, un creditore o un terzo, ad esempio un liquidatore di un investitore, potrebbe essere in grado di avanzare un diritto su attività finanziarie nei confronti di un intermediario di livello superiore nelle circostanze di cui all'articolo 8-503(d), dettagliate nella risposta alla domanda 24.

(28) In quali circostanze (i) un creditore e (ii) un terzo non creditore (come un liquidatore) dell'intermediario possono richiedere titoli a un intermediario di livello superiore?

Questa risposta presuppone che la domanda si riferisca ad un intermediario di livello superiore all'intermediario stesso. 8-112 spiega dove può essere avanzata la pretesa di un creditore contro il diritto di garanzia del titolare di diritti: solo tramite procedimento legale presso l'intermediario di titoli del titolare di diritti (in questo caso l'intermediario di valori mobiliari). Il processo diretto a un intermediario di livello superiore sarà inefficace. (Se l'interesse del debitore che il creditore rivendica è in un diritto di garanzia mantenuto a nome di una parte garantita, il creditore può ottenere tale interesse mediante procedimento legale sulla parte garantita. 8-112 (d).) Si noti che il i beni pignorabili di un intermediario mobiliare sono al netto delle attività finanziarie ritenute non possedute dall'intermediario mobiliare (ossia le attività finanziarie di proprietà). Ai sensi dell'articolo 8, un creditore o un terzo, come un liquidatore di un intermediario mobiliare, potrebbe essere in grado di avanzare un diritto su attività finanziarie nei confronti di un intermediario di livello superiore nelle circostanze di cui all'articolo 8-503(d), dettagliate nella risposta alla domanda 24.

Carenze

(29) È possibile un deficit (ossia la posizione dell'intermediario presso un intermediario di livello superiore è inferiore alla posizione aggregata registrata dei titolari del conto dell'intermediario) a livello dell'intermediario? Quali regole vengono applicate per risolvere la conseguente differenza di posizioni? Esistono regole su come gestire una situazione del genere da un punto di vista contabile (ad esempio attraverso un saldo debitore titoli provvisorio)? Come vengono gestite nella pratica le carenze?

Secondo i termini generali dell'articolo 8, un deficit non dovrebbe verificarsi. Un intermediario mobiliare non può creare diritti di garanzia superiori ai suoi interessi in un particolare titolo. 8-504. Un intermediario mobiliare potrebbe ovviamente violare tale obbligo. L'unica regola in tali casi è che i titolari dei diritti sui titoli condividano semplicemente proporzionalmente gli interessi detenuti dall'intermediario di valori mobiliari. Questa regola si applica a ogni livello. Ciò significa che le partecipazioni di ciascun intermediario mobiliare che detiene un diritto su titoli tramite un intermediario di livello superiore saranno ridotte alla sua quota proporzionale delle partecipazioni dell'intermediario mobiliare di livello superiore. A sua volta, ciascun titolare di diritti che detiene tramite uno di tali intermediari di valori mobiliari vedrà le sue partecipazioni ridotte alla sua quota proporzionale delle partecipazioni del proprio intermediario di valori mobiliari.

Questa regola di non carenza è un requisito generale che viene trattato in modo più specifico in altre leggi normative, il cui rispetto costituisce conformità con la sezione sopra citata dell'articolo 8.8-509 (a). In *determinate circostanze, tali norme consentono carenze temporanee. Ad esempio, in caso di fallimento, all'impresa viene concesso un certo periodo di tempo per colmare l'eventuale deficit risultante prima che le venga richiesto di ottenere le garanzie necessarie da qualche altra fonte. In realtà, le carenze si verificano spesso a causa di fallimenti e per altri motivi, ma non hanno conseguenze generali se non in caso di insolvenza dell'intermediario di valori mobiliari.*

(30) Che dovere ha l'intermediario di evitare ammanchi?

Cfr. risposta alla domanda 29. L'articolo 8 impone a un intermediario di valori mobiliari di mantenere un'attività finanziaria in quantità almeno pari ai diritti di garanzia stabiliti a favore dei titolari dei diritti. 8-504(a). L'articolo 8 consente di soddisfare questo dovere rispettando altre leggi applicabili. 8-509(a).

(31) Il trattamento delle carenze è diverso a seconda che vi sia (i) assenza di colpa da parte dell'intermediario, (ii) colpa, dolo o (iv) colpa, negligenza o simile violazione dei doveri? Il trattamento dei deficit è diverso a seconda che l'intermediario sia solvibile o insolvente?

Come notato sopra, un intermediario di valori mobiliari ha il dovere ai sensi dell'articolo 8 (tale dovere può essere influenzato da altre leggi o regolamenti) di non creare diritti di sicurezza superiori ai suoi interessi in un particolare titolo. La violazione di tale obbligo (o di altre leggi o regolamenti applicabili) può comportare varie sanzioni o altre responsabilità dell'intermediario di valori mobiliari. Per quanto riguarda l'interesse che i titolari dei diritti hanno sugli attivi finanziari accreditati sul suo conto titoli: indipendentemente da colpa, frode o negligenza dell'intermediario di valori mobiliari, ai sensi dell'articolo 8, il titolare dei diritti ha solo una quota proporzionale nel patrimonio dell'intermediario di valori mobiliari. interesse nell'attività finanziaria in questione. I titolari dei diritti possono avanzare altre pretese nei confronti dell'intermediario di valori mobiliari (ad esempio, danni per violazione dell'articolo 8 o di altri obblighi applicabili). Ciò ha poca importanza in assenza dell'insolvenza dell'intermediario di valori mobiliari. Nel regime di insolvenza dell'articolo 8 si applica anche l'analisi proporzionale, ma altri regimi di insolvenza o altri regimi normativi possono prevalere sull'articolo 8, portando a un risultato diverso. Si tenga inoltre presente che la collusione dell'intermediario di valori mobiliari con un acquirente terzo potrebbe far sorgere pretese del cliente nei confronti di tale acquirente. Vedi la risposta alla domanda 24.

(32) La responsabilità dell'intermediario per comportamenti negligenti o dolosi (ad esempio dei suoi dipendenti) può essere contrattualmente esclusa o ridotta?

Ciò non è affrontato nell'articolo 8, a parte quanto discusso nella risposta alla domanda 7, nella parte 2.b.ii. In generale, le parti possono contrattare per lo standard di cura. La misura in cui un intermediario di valori mobiliari può sottrarsi alla responsabilità per negligenza elementare o comportamento doloso è probabilmente limitata da altre leggi.

(33) Se a qualsiasi livello i titoli sottostanti sono fisici, qual è la situazione se vengono distrutti, ad esempio rubati, bruciati, rovinati dall'acqua?

Laddove un intermediario mobiliare abbia ottenuto titoli registrati a sostegno dei propri diritti in materia di titoli, se un certificato registrato viene distrutto, è possibile ottenerne una sostituzione in conformità alle regole di 8-405 che possono richiedere la pubblicazione di un'obbligazione di indennizzo o il rispetto di altri requisiti dell'emittente. Nel raro caso in cui un intermediario di valori mobiliari abbia ottenuto un titolo registrato e non lo abbia ancora fatto registrare nuovamente a proprio nome, i diritti degli aventi diritto dipendono dal fatto che l'intermediario abbia esercitato ragionevoli standard di diligenza commerciale. Se così fosse, i titolari dei diritti non avranno nei confronti dell'intermediario diritti maggiori di quelli che l'intermediario ha sui certificati. In caso contrario gli aventi diritto potranno ulteriormente citare in giudizio l'intermediario per il risarcimento dei danni.

II. AZIONI SOCIALI/DIRITTI DI VOTO [1]

(34) Quali sono i diritti dell'investitore, e come operano in pratica, nei confronti di (i) l'emittente, (ii) l'intermediario, (iii) l'intermediario di livello superiore (a) in relazione al voto o alla ricezione di informazioni sulle assemblee degli azionisti e (b) in relazione ad operazioni societarie, ad esempio pagamenti di dividendi e cedole, e qualsiasi altra azione che influenzi il prezzo o la struttura?

Vedi la risposta alla domanda 7.

(35) Come possono essere esercitati questi diritti? Chi può far valere i propri diritti nei confronti dell'emittente per i titoli accreditati su un

conto titoli? In quali circostanze l'intermediario è tenuto a trasferire i benefici all'investitore? Come si ottiene questo risultato se esiste un conto omnibus o un conto nominato?

Vedi la risposta alla domanda 7.

(36) Come si garantisce che solo gli aventi diritto esercitino o traggano beneficio dai diritti connessi ai titoli?

Vedi la risposta alla domanda 7.

(37) L'investitore ha il diritto di esercitare un diritto di compensazione o di compensazione con i diritti dell'emittente in relazione ai titoli con obblighi che l'investitore potrebbe avere nei confronti dell'emittente?

NO.

III. SCELTA DELL'UBICAZIONE/LUOGO DI EMISSIONE DEI TITOLI

(38) Esistono norme e, in caso affermativo, quali hanno l'effetto di limitare la capacità di un emittente di scegliere il luogo giuridico e/o operativo dei propri titoli ai fini del processo di emissione?

La giurisdizione dell'emittente non è rilevante ai fini delle norme dell'articolo 8 sul sistema di detenzione indiretta.

[1] Queste domande rivestono lo stesso interesse e possono sovrapporsi alle indagini effettuate da coloro che all'interno della Commissione si occupano di diritto societario e questioni di governo societario.

IV. LA DIMENSIONE TRANSFRONTALIERA

Generalmente

(39) Sono titoli esteri, ovvero quelli che sono (i) disciplinati da una legge straniera, (ii) emessi da un soggetto estero, (iii) emessi in una giurisdizione straniera o (iv) emessi in una valuta estera, trattati diversamente da nazionali e, se sì, come (per quanto riguarda l'emittente, gli intermediari e gli investitori)? La risposta dipende dal Paese estero a cui si riferiscono i titoli?

Ai fini della determinazione dei diritti e degli obblighi di un intermediario di valori mobiliari, di un titolare di diritti che ivi detiene un conto titoli e di terzi che rivendicano diritti sulle attività finanziarie accreditate su tale conto titoli, l'unica giurisdizione rilevante è "la legge locale dell'intermediario di valori mobiliari" giurisdizione" 8-110(b). La giurisdizione di un intermediario mobiliare è (la prima del seguente elenco ad applicarsi): in primo luogo, quella giurisdizione specificata ai fini di questa particolare sezione dell'articolo 8 come giurisdizione dell'intermediario mobiliare nell'accordo tra l'intermediario mobiliare e il titolare dei diritti; in secondo luogo, come legge applicabile al contratto, quella giurisdizionale specificata nel contratto tra l'intermediario mobiliare e il titolare dei diritti); in terzo luogo, la giurisdizione in cui si trova la sede dell'intermediario di valori mobiliari presso cui è tenuto il conto, come specificato nel contratto tra l'intermediario di valori mobiliari e il titolare dei diritti; in quarto luogo, la giurisdizione in cui ha sede l'ufficio dell'intermediario di valori mobiliari indicato nell'estratto conto come ufficio che serve il conto dei titolari dei diritti; e quinto, la giurisdizione in cui si trova l'amministratore delegato dell'intermediario di valori mobiliari. 8-110(e).

Nello specifico

(40) Esistono norme che definiscono specificamente il diritto di un investitore nazionale all'accredito di titoli esteri su un conto nazionale? In caso affermativo, qual è la natura del diritto concesso e differisce dal diritto dell'investitore ai titoli nazionali?

Se il "conto nazionale" è un conto titoli gestito da un intermediario mobiliare negli Stati Uniti, i diritti dell'investitore ai sensi dell'articolo 8 non dipendono dal fatto che l'attività finanziaria nel suo conto titoli sia un titolo estero o un titolo nazionale. -i suoi diritti e interessi ai sensi dell'Articolo 8 sono gli stessi.

(41) La tutela di un investitore nazionale differisce in relazione alla detenzione di titoli esteri (i) presso un intermediario nazionale o (ii) presso un intermediario estero, ad esempio in caso di insolvenza dell'intermediario?

L'identità del paese straniero è irrilevante, ma, data la cascata descritta nella risposta alla domanda 39, un investitore che detiene tramite un intermediario straniero potrebbe non vedere i suoi diritti determinati ai sensi dell'articolo 8 a meno che l'accordo sul conto non preveda la selezione appropriata. In caso di insolvenza dell'intermediario, la "lex concursus" determinerà i diritti degli investitori. Negli Stati Uniti, la normativa in materia di insolvenza differirà a seconda del tipo di entità (banca, broker/dealer) che funge da intermediario.

(42) Gli intermediari esteri (dove (i) la sede centrale, (ii) una filiale o (iii) un ufficio si trova in una giurisdizione estera) vengono trattati

diversamente da quelli nazionali? La risposta dipende dal paese a cui fanno riferimento gli intermediari esteri?

Un investitore che detiene titoli indirettamente tramite un intermediario mobiliare non avrà diritto alle tutele di cui all'Articolo 8 a meno che l'accordo che disciplina il conto titoli identifichi specificamente la giurisdizione come giurisdizione prevista dall'Articolo 8

(43) Come viene raggiunta la definitività (ai sensi delle domande 20 e 21) per le operazioni che coinvolgono (i) intermediari esteri o (ii) collegamenti tra più di un intermediario? La risposta dipende dalla tipologia di intermediario o di titoli?

La finalità non è trattata nell'articolo 8.

(44) Gli intermediari esteri che detengono titoli nazionali necessitano di uno status speciale autorizzato per trasferire i diritti ai propri investitori? Come vengono riconosciuti gli intermediari esteri quando entrano in contatto con intermediari nazionali?

Questo non è trattato nell'articolo 8.

(45) In base a quali norme gli investitori nazionali possono acquistare titoli esteri?

Questo non è trattato nell'articolo 8.

(46) In base a quali norme gli investitori nazionali possono utilizzare intermediari esteri?

Ciò non è affrontato nell'articolo 8. Tuttavia, può essere affrontato dalla legge normativa. Ad esempio, la Securities Exchange Commission impone requisiti normativi alle società di investimento (fondi comuni di investimento) che utilizzano intermediari stranieri come custodi dei loro beni.

(47) Esistono restrizioni normative o di altro tipo che influiscono sugli investitori stranieri che esercitano i diritti degli azionisti su titoli nazionali o che impediscono agli investitori nazionali di esercitare i diritti esteri?

Potrebbero esserci, ma tali restrizioni non si trovano nell'articolo 8.

V. DIRITTO PUBBLICO E CONTESTO NORMATIVO

(48) Quali norme sono applicabili all'esistenza, allo stabilimento e al funzionamento degli intermediari (e, ove rilevante, alla cooperazione

tra particolari intermediari)?

L'articolo 8 non contiene queste norme.

(49) Chi ha diritto a tenere conti titoli? La detenzione o il trasferimento di titoli per conto terzi richiede una licenza o altra autorizzazione da parte di un'autorità pubblica?

L'articolo 8 non affronta queste questioni.

(50) L'accesso degli investitori agli intermediari in un altro Stato membro è influenzato dal loro accesso alla moneta della banca centrale e, in caso affermativo, in che modo?

[NON PERVENUTA LA RISPOSTA]

(51) Un contratto contabile deve rispettare eventuali requisiti di forma o contenuto?

NO.

(52) Sono previsti obblighi informativi a carico dell'intermediario in merito ai titoli accreditati sui conti titoli (relativi a (i) fiscalità, (ii) diritto societario, (iii) regolamentazione delle acquisizioni, (iv) riciclaggio di denaro, (v) controllo delle attività regolamentate? entità o (vi) qualsiasi altra questione). È previsto l'obbligo di accertare e/o divulgare i dati degli investitori finali (es. titolari effettivi) dei titoli detenuti presso l'intermediario?

L'articolo 8 non impone obblighi di comunicazione agli intermediari.

(53) Quali sono i requisiti di conservazione dei dati?

L'articolo 8 non impone obblighi di conservazione dei dati agli intermediari.

(54) Esistono restrizioni al trasferimento applicabili ai titoli (ad esempio, i trasferimenti sono limitati a determinati tipi di investitori o intermediari, sono necessarie notifiche o certificazioni, la consegna può avvenire solo dietro pagamento, esiste un divieto di transazioni over-the-counter, ecc.)? Qual è l'effetto di una violazione di tali restrizioni?

L'articolo 8 convalida le restrizioni dell'emittente al trasferimento; Le leggi federali sui titoli contengono restrizioni sui trasferimenti, ma la portata e le conseguenze di tali restrizioni vanno oltre l'ambito della nostra consulenza qui.

(55) Come avviene che la proprietà dei titoli passi dal venditore all'acquirente solo nel momento stesso in cui diventa effettivo il trasferimento del prezzo di acquisto dall'acquirente al venditore (consegna contro pagamento (DvP))? Le norme in materia sono stabilite da un intermediario, da convenzioni di mercato o imposte dalla legge? L'efficacia dell'accredito in conto titoli è condizionata al pagamento del prezzo di acquisto?

Le regole DvP non fanno parte dell'articolo 8 e generalmente non sono imposte dalla legge ma piuttosto attraverso le regole del sistema di compensazione e regolamento, le convenzioni di mercato e il contratto. La questione del passaggio del titolo o del pagamento dovuto verrebbe affrontata dal contratto tra l'acquirente e il venditore o dalle regole del commercio di borsa.

(56) L'intermediario è tenuto ad avere informazioni sugli investitori finali (ad esempio i proprietari effettivi) di titoli prima di intraprendere qualsiasi azione in merito a tali titoli?

NO.

(57) Esiste una specifica tutela penale in caso di frode da parte dell'intermediario? Esistono altre norme specifiche di diritto penale applicabili per tutelare gli interessi degli investitori contro appropriazioni o altre violazioni da parte dell'intermediario dei diritti degli investitori?

Sì, ma non nell'articolo 8. Tali tutele si trovano in altre leggi, come le leggi e i regolamenti federali e statali sui titoli. Ad esempio, la legge statale può includere (come fa la legge dello Stato di New York) uno statuto penale sul reimpegno, che rende un crimine per un intermediario mobiliare gravare i titoli di un cliente senza consenso.

Marzo 2005

Risposta: marzo 2006

Riferimenti

[1] M. Friedman e A. J. Schwartz. *A Monetary history of the United States, 1867-1960*. Princeton University Press, 1963. URL: https://www.worldcat.org/title/697174371.

[2] Wikipedia. *Depository Trust & Clearing Corporation*. 2023. URL: https://en.wikipedia.org/wiki/Depository_Trust_%26_Clearing_Corporation.

[3] S. Dentzer e W. T. Dentzer. *The Greatest Father from a Great Generation*. 2019. URL: https://susan-g-dentzer.medium.com/the-greatest-father-from-a-great-generation-f9ceb3758066.

[4] European Commission. *EC Mandate pertaining to clearing and settlement*. 2005. URL: https://archive.org/details/ec-legal-certainty-project.

[5] European Commission. *The New York Federal Reserve's reply to the EU Clearing and Settlement Legal Certainty Group's questionnaire*. 2005. URL: https://archive.org/details/ec-clearing-questionnaire.

[6] European Commission. *Sixth Meeting of the Member States Working Group/10th Discussion Paper of the Services of the Directorate-General Internal market and Services*. 2012. URL: https://archive.org/details/eu-commission-securities-10th-discussion-paper.

[7] Anonymous. *36. Convention of 5 July 2006 on the Law Applicable to Certain Rights in Respect of Securities held with an Intermediary*. 2006. URL: https://www.hcch.net/en/instruments/conventions/full-text/?cid=72.

[8] J. S. Rogers. *James S. Rogers' biography at Boston College.* 2023. URL: https://www.bc.edu/bc-web/schools/law/academics-faculty/faculty-directory/james-rogers.html.

[9] Financial Markets Law Committee. *Report on research into the 1994 revisions to Article 8 of the Uniform Commercial Code.* 2018. URL: https://fmlc.org/wp-content/uploads/2018/02/Issue-3-Background-paper-on-Article-8-of-the-Uniform-Commercial-Code.pdf.

[10] E. Guttmann. *Modern Securities Transfers.* Warren, Gorham & Lamont, 1987. URL: https://www.worldcat.org/title/15743736.

[11] European Commission. *Directive 2002/47/EC of the European Parliament and of the Council of 6 June 2002 on financial collateral arrangements.* 2002. URL: http://data.europa.eu/eli/dir/2002/47/oj.

[12] Diego Devos. *Euroclear Memorandum on Preparatory Information Regarding European Legal Harmonisation.* 2004. URL: https://archive.org/details/euroclear-memorandum.

[13] European Union. *Regulation (EU) No 909/2014 of the European Parliament and of the Council of 23 July 2014 on improving securities settlement in the European Union and on central securities depositories and amending Directives 98/26/EC and 2014/65/EU and Regulation (EU) No 236/2012.* 2014. URL: https://eur-lex.europa.eu/legal-content/EN/TXT/?uri=CELEX:32014R0909.

[14] European Securities and Markets Authority. *The Distributed Ledger Technology Applied to Securities Markets (Report).* 2016. URL: https://www.esma.europa.eu/sites/default/files/library/dlt_report_-_esma50-1121423017-285.pdf.

[15] Skandinaviska Enskilda Banken AB. *CSDR - Legal disclosure.* 2023. URL: https://sebgroup.com/legal-and-regulatory-information/legal-notice/csdr.

[16] Euroclear Sweden. *General Terms and Conditions Account Operations and Clearing.* 0. URL: https://www.euroclear.com/dam/ESw/Legal/General%20Terms%20and%20Conditions%2020220202.pdf.

[17] Sveriges Riksdag. *Lag (1998:1479) om värdepapperscentraler och kontoföring av finansiella instrument [act on central security depositories and accounting for financial instruments]*. 1998. URL: https://www.riksdagen.se/sv/dokument-och-lagar/dokument/svensk-forfattningssamling/lag-19981479-om-vardepapperscentraler-och_sfs-1998-1479/.

[18] Bank for International Settlements. *Asset encumbrance, financial reform and the demand for collateral assets*. 2013. URL: https://www.bis.org/publ/cgfs49.pdf.

[19] Bank for International Settlements. *Developments in collateral management services*. 2014. URL: https://www.bis.org/cpmi/publ/d119.pdf.

[20] N. F. Coco, K. Irvin e P. Malyshev. *The Effect of the new Bankruptcy Code on Safe Harbor Transactions*. 2005. URL: https://www.mondaq.com/unitedstates/commoditiesderivativesstockexchanges/36408/the-effect-of-the-new-bankruptcy-code-on-safe-harbor-transactions.

[21] S. J. Lubbers. *The Bankruptcy Code Without Safe Harbors*. National Conference of Referees in Bankruptcy, Bangor, Me., 2010. URL: https://www.worldcat.org/title/649573636.

[22] Wachtell, Lipton, Rosen & Katz (attorneys). *Memorandum of Law in Support of Motion To Dismiss of Defendant JPMorgan Chase Bank, N.A*. 2010. URL: https://www.creditslips.org/files/lehman_brothers_holdings_inc.__14.pdf.

[23] United States Bankruptcy Court Southern District of New York. *Memorandum Decision Granting in Part and Denying in PartMotion to Dismiss by Defendant JPmorgan Chase Bank, N.A*. 2012. URL: https://www.nysb.uscourts.gov/sites/default/files/opinions/198038_134_opinion.pdf.

[24] Euroclear. *Regulating the risks of CCPs*. 2020. URL: https://www.euroclear.com/newsandinsights/en/Format/Articles/regulating-risks-of-ccps.html.

[25] Bank for International Settlements. *Central Counterparty Financial Resources for Recovery and Resolution*. 2022. URL: https://www.bis.org/publ/othp46.pdf.

[26] DTCC. *Collaborative Efforts Underway to Strengthen Risk Management Framework*. 2017. URL: https://www.dtcc.com/news/2017/november/20/collaborative-efforts-underway-to-strengthen-risk-management-framework.

[27] DTCC. *Perspectives on CCP Risk Management*. 2017. URL: https://www.dtcc.com/news/2017/april/03/the-role-of-ccps-in-promoting-market-stability.

[28] DTCC. *Consolidated Financial Statements as of and for the Years Ended December 31, 2022 and 2021, and Independent Auditors' Report*. 2023. URL: https://www.dtcc.com/-/media/Files/Downloads/legal/financials/2023/DTCC-Annual-Financial-Statements-2022-and-2021.pdf.

[29] T. Flanagan. *DTCC Details Risk Management Approach*. 2015. URL: https://www.marketsmedia.com/dtcc-details-risk-management-approach/.

[30] F.D. Roosevelt. *Proclamation 2039 Declaring A Bank Holiday*. 1933. URL: https://en.wikisource.org/wiki/Proclamation_2039.

[31] A. H. Meltzer. *A History of the Federal Reserve*. 2003. URL: https://www.worldcat.org/title/1022688407.

[32] Encyclopedia of Cleveland History. *Ameritrust*. 2023. URL: https://case.edu/ech/articles/a/ameritrust.

[33] W. L. Silber. *Why Did FDR's Bank Holiday Succeed?* 2009. URL: https://www.newyorkfed.org/medialibrary/media/research/epr/09v15n1/0907silb.pdf.

[34] Wikipedia. *The Emergency Banking Act of 1933*. 2023. URL: https://en.wikipedia.org/wiki/Emergency_Banking_Act_of_1933.

[35] Wikipedia. *The Great Depression*. 2023. URL: https://en.wikipedia.org/wiki/Great_Depression.

[36] B. S. Bernanke. *Remarks by Governor Ben S. Bernanke on Milton Friedman's Ninetieth Birthday*. 2002. URL: https://www.federalreserve.gov/boarddocs/speeches/2002/20021108/.

[37] Anonymous. *Recession of 1937-38*. 2013. URL: https://www.federalreservehistory.org/essays/recession-of-1937-38.

[38] Wikipedia. *Executive Order 6102*. 2023. URL: https://en.wikipedia.org/wiki/Executive_Order_6102.

[39] D. A. Gross. *The U.S. Confiscated Half a Billion Dollars in Private Property During WWI*. 2014. URL: https://www.smithsonianmag.com/history/us-confiscated-half-billion-dollars-private-property-during-wwi-180952144/.

[40] F. D. Roosevelt. *Executive Order 6102, Forbidding the Hoarding of Gold Coin, Gold Bullion and Gold Certificates*. 1933. URL: https://www.presidency.ucsb.edu/documents/executive-order-6102-forbidding-the-hoarding-gold-coin-gold-bullion-and-gold-certificates.

[41] B. Ivry, H. Son e C. Harper. *BofA Said to Split Regulators Over Moving Merrill Contracts*. 2011. URL: https://www.bloomberg.com/news/articles/2011-10-18/bofa-said-to-split-regulators-over-moving-merrill-derivatives-to-bank-unit.

[42] A. Goodman. *Bank Of America Dumps $75 Trillion In Derivatives On U.S. Taxpayers With Federal Approval*. 2011. URL: https://seekingalpha.com/article/301260-bank-of-america-dumps-75-trillion-in-derivatives-on-u-s-taxpayers-with-federal-approval.

[43] Single Resolution Board. *A blueprint for the CMDI framework review*. 2021. URL: https://www.srb.europa.eu/system/files/media/document/2021-05-18_srb_views_on_cmdi_1.pdf.

[44] Single Resolution Board. *Solvent Wind-Down of Trading Books (Guidance for Banks, 2022)*. 2021. URL: https://www.srb.europa.eu/system/files/media/document/2021-12-01_Solvent-wind-down-guidance-for-banks.pdf.

[45] Single Resolution Board. *Work Programme 2023*. 2022. URL: https://www.srb.europa.eu/system/files/media/document/2022.3702_Work%20Programme%202023_Final%20version_web_0.pdf.

[46] Single Resolution Board. *Principals of U.S., European Banking Union, and U.K. Financial Authorities Meet for Regular Coordination Exercise on Cross-Border Resolution Planning*. 2022. URL: https://www.srb.europa.eu/en/content/principals-us-european-banking-union-and-uk-financial-authorities-meet-regular-coordination.

[47] Atlantic Council. *Central Bank Digital Currency Tracker*. 2023. URL: https://www.atlanticcouncil.org/cbdctracker/.

[48] International Monetary Fund. *Cross-Border Payments—A Vision for the Future*. 2020. URL: https://meetings.imf.org/en/2020/Annual/Schedule/2020/10/19/imf-cross-border-payments-a-vision-for-the-future.

[49] T. Nicholas e A. Scherbina. *Real Estate Prices During the Roaring Twenties and the Great Depression*. 2009. URL: https://www.fordham.edu/download/downloads/id/3461/2010_spring_2_annapdf.pdf.

[50] Online Etymology Dictionary. **ghabh-*. 2023. URL: https://www.etymonline.com/search?q=ghabh.

[51] Online Etymology Dictionary. *debt (n.)* 2023. URL: https://www.etymonline.com/word/debt.

[52] Wiktionary. *'habere' (Latin)*. 2023. URL: https://en.wiktionary.org/wiki/habere.

[53] E. L. Bernays. *Propaganda*. Horace Liveright, NY, 1928. URL: https://archive.org/details/bernays-edward-l.-propaganda-1928-1936_202107/.

[54] C. Hedges. *Empire of Illusion: the End of Literacy and the Triumph of Spectacle*. 2009. URL: https://www.worldcat.org/title/301887642.

[55] D. Bell. *Amendments to WHO's International Health Regulations: An Annotated Guide*. 2023. URL: https://brownstone.org/articles/amendments-who-ihr-annotated-guide/.

Printed in Great Britain
by Amazon